Nina Horaczek

KICKL BEIM WORT GENOMMEN

GEGRÜNDET
1999

Nina Horaczek

Kickl

beim Wort genommen

Czernin Verlag, Wien

Horaczek, Nina: Kickl beim Wort genommen / Nina Horaczek

Wien: Czernin Verlag 2024

ISBN: 978-3-7076-0855-7

© 2024 Czernin Verlags GmbH, Wien

Umschlagabbildungen: Eva Manhart / APA / picturedesk.com

Druck: BoD

ISBN Print: 978-3-7076-0855-7

ISBN E-Book: 978-3-7076-0856-4

INHALT

LIEBE LESERIN, LIEBER LESER!

Dieses Buch ist eine Zitatensammlung, deren Zweck auf der Hand liegt: Jeder und jedem politisch Interessierten soll die Möglichkeit geboten werden, sich selbst ein Bild über Geist, Charakter und Ideologie von Herbert Kickl zu machen. Es ist eine Zusammenstellung von Aussagen des FPÖ-Parteichefs über Ausländer, Migration, Asyl, Menschenrechte, Minderheiten, Europa und Medien, aber auch zu anderen entscheidenden Themen des 21. Jahrhunderts wie etwa dem Ukrainekrieg, dem Verhältnis zu Russland, dem Kampf gegen die Erderwärmung oder auch über internationale Organisationen wie die Vereinten Nationen, die Weltgesundheitsorganisation WHO oder das Weltwirtschaftsforum (WEF).

Warum eine solche Zitatensammlung? Die FPÖ steht unter Parteichef Herbert Kickl seit Monaten und in sämtlichen Umfragen konstant auf dem 1. Platz. Sollte es den Freiheitlichen gelingen, diesen Vorsprung in Meinungsumfragen bei den nächsten Wahlen ins Ziel zu bringen und stärkste Partei in Österreich zu werden, hat Herbert Kickl durchaus Chancen, Bundeskanzler der Republik Österreich zu werden. Deshalb tut eine intensive Auseinandersetzung mit der Person Herbert Kickl, mit seinen politischen Vorstellungen und Zielen not.

Das vorliegende Buch soll einen Einblick in die Denkweise und das ideologische Gerüst des FPÖ-Vorsitzenden geben und auch eine Argumentationshilfe für eine sachliche Auseinandersetzung über Kickl und die FPÖ unter seiner Führung sein. In diesem Buch wird Kickl nicht interpretiert, sondern zitiert. Und das ganz bewusst: Nur so ist es möglich, klar zu belegen, wie der FPÖ-Chef wirklich denkt und wie er die Republik Österreich politisch verändern möchte – wenn man ihn lässt.

Es ist eine Auswahl von mehreren hundert Zitaten aus Parteitagsreden, Wahlkampfveranstaltungen, aus Parlamentsreden, Presseaussendungen und aus Social-Media-Beiträgen. Die Zitate umfassen einen Zeitraum von mehr als zwei Jahrzehnten, rechnet man jene Passagen dazu, als Kickl noch als Redenschreiber des damaligen FPÖ-Politikers Jörg Haider tätig war und in dessen Auftrag so manche Schmährede über diejenigen verfasste, die den Freiheitlichen auf ihrem Weg an die Macht entgegenstanden. Heute ist es Kickl selbst, der all jene höhnt und verbal niedermacht, die er als seine Feinde sieht. Auch diese Attacken finden Sie in diesem Buch. Weil es viel über eine Person aussagt, wie sie sich gegenüber Andersdenkenden verhält und wie ihr politischer Stil aussieht.

So liefert der FPÖ-Chef selbst Belege dafür, dass er als Parteichef für eine rassistische Politik der Ausgrenzung steht, die das Land spaltet, dass er eine Art Apartheidsystem für Migrantinnen und Migranten errichten und das Asylrecht in Österreich abschaffen möchte. In seinen Aussagen entblößt Kickl auch, wie wenig er von Pressefreiheit und dem Schutz von Minderheiten hält und wie sehr sein Weltbild durchdrungen ist von der Idee einer angeblichen Verschwörung einer Elite gegen »das Volk«.

Wer Kickls eigene Worte liest, erfährt ungefiltert, wie sehr der FPÖ-Chef die universell gültigen Menschenrechte ablehnt und dass er im Kampf gegen die Erderwärmung nichts anderes als »Klimakommunismus« sieht.

All das sollte man wissen. Um sich selbst eine Meinung bilden zu können, was ein Politiker wie Herbert Kickl an der Spitze der Republik Österreich für die Zukunft dieses Landes und seine Bewohnerinnen und Bewohner bedeuten würde.

Wien, April 2024

WER IST HERBERT KICKL?

»Alle hören seine Sprüche, doch kaum jemand kennt das Gesicht des freiheitlichen Masterminds aus Kärnten, das so unscheinbar mit ausgewaschenen Jeans und einfachem blauem Hemd in seinem mausgrau möblierten Büro im 6. Bezirk sitzt, dass es fast schon inszeniert wirkt«, schrieb die Wochenzeitung *Falter* im Dezember 2005 über Herbert Kickl. Fast zwanzig Jahre später ist Kickl die Person, über die Österreich spricht. Der Mann, der die Freiheitlichen in die Regierung und das Land in eine autoritäre Richtung führen will.

Um verstehen zu können, wie der FPÖ-Chef zu dem Politiker wurde, der er heute ist, lohnt es sich, ganz zum Beginn zurückzugehen.

Der junge Kickl

Der heutige FPÖ-Chef kommt 1968 zur Welt, in jenem geschichtsträchtigen Aufbruchsjahr, das Kickl als Politiker heute am liebsten aus den Geschichtsbüchern löschen würde. »Das Projekt der 68er ist gescheitert. Wir erleben jetzt, nicht nur in Österreich, eine Gegenbewegung. Und das ist auch gut so. Für mich kommt es zu einer Rückkehr zur Normalität. Die 68er versuchten im Namen des Fortschritts zerstörerisch zu wirken. Wenn ich nur an das Aushöhlen der staatlichen Identität oder der Identität des Familienverbundes denke«, kritisiert Kickl in einem Interview mit der *Tiroler Tageszeitung* im

Jänner 2018 die links-progressive Achtundsechziger-Bewegung. »Die Thesen der 68er haben sich als falsch herausgestellt. Das Bedürfnis nach Orientierung, Geborgenheit und Heimat wird von uns wieder in ein positives Licht gerückt«, meinte Kickl damals.

Er selbst entdeckt das Thema Politik erst in seiner Jugend. Zu Hause sei nie politisiert worden. Kickls Leben ist eine klassische Aufsteigergeschichte. Er stammt aus armen Verhältnissen, wächst in einer typischen Arbeiterfamilie in Oberkärnten auf. Die kleine Wohnung heizte nur ein Ofen, der in der Küche stand. Die Familie lebt in der Erdmannsiedlung in Radenthein. Es ist eine kleine Gemeinde in der Nähe von Spittal an der Drau, gleich beim Millstätter See, in der er als Einzelkind mit Mama und Papa aufwächst. Eine Siedlung, die im Ort kein großes Ansehen genoss. »Die dort unten sind alle deppert, weil sie am meisten Rauch vom Betrieb abbekommen, hieß es damals. Heute stehen dort schmucke, etwas gedrungene Einfamilienhäuser mit zum Teil putzig kleinen Fenstern und man fragt sich, wohnen da die Hobbits?«, fragte der *Kärntner Monat* 2019 etwas despektierlich. Kickls Eltern arbeiteten bei Veitsch Radex, einem Teil des heutigen Industrie-Weltmarktunternehmens RHI Magnesita, das in Radenthein Magnesit abbaut, ein Rohstoff, der aufgrund seiner extremen Feuerfestigkeit für die Industrie wichtig ist. Bis heute wird hier Magnesit abgebaut, aber die Arbeitersiedlung ist in den vergangenen Jahrzehnten massiv geschrumpft.

Trotz des fehlenden materiellen Wohlstands beschreibt Kickl seine Kindheit in Interviews durchaus positiv. Heute schlägt der FPÖ-Chef auch politisches Kapital aus seiner Herkunftsgeschichte: Schaut her, ich bin einer von euch. Ich gehöre nicht zu den Großkopferten!, lautet die Botschaft, die in Kickls Reden stets mitschwingt.

Kickls Vater ist Fußballer, spielt zeitweise sogar in der 1. Liga. Sohn Herbert ist der Libero auf dem Fußballplatz, kickt bei den Miniknaben der WSG Radenthein. Als die Fußballkarriere des Vaters vorbei ist, betreiben die Eltern gemeinsam ein kleines Lebensmittel-geschäft in der Radex.

Der Schüler Kickl

Bub Herbert ist der Erste in seiner Familie, der es ins Gymnasium schafft. Dort sitzt er gemeinsam mit der späteren Grünen-Parteiche-fin Eva Glawischnig in einer Klasse. In der Klasse gilt Kickl damals als Kumpeltyp. Auf einer Schulreise kümmert er sich mit Freunden um einen querschnittgelähmten Schulkollegen. Später maturiert er in Philosophie. »Damals hätten wir uns nie gedacht, dass der Herbert bei der FPÖ landen wird«, sagt die Grüne Glawischnig Jahre später. Nur sein Faible für Military-Look könnte im Nachhinein als Indiz für seine rechte Gesinnung interpretiert werden. »Ansonsten war er ein exzellenter Schüler, sehr vif, diskussionsfreudig und beliebt«, erinnert sich die Grüne.

Dabei liebäugelt Schüler Kickl damals mit der Fremdenlegion. Als sein Jahrgang auf Klassenreise nach Frankreich fährt, versucht Kickl, mit Fremdenlegionären in Kontakt zu kommen, besucht extra Cafés, in denen sie verkehren. Nach der Matura meldet er sich als Einjährigfreiwilliger beim Bundesheer, geht zu den Gebirgsjägern. In dieser Elitetruppe wurde ihm schnell klar, dass eine Karriere beim Heer doch nichts für ihn ist. Stattdessen zieht er zum Studieren nach Wien.

Auch viele Jahre danach schwärmt der heutige FPÖ-Chef von Elitesoldaten: »Also wie es jemand aushalten kann, eine halbe Stunde in einem Eiswasser zu sein, ohne verrückt zu werden, das ist schon faszinierend.« Der Extremsport ist etwas, das es Kickl auch als Poli-tiker angetan hat. Als junger Politiker läuft er den Ironman, nimmt an Triathlons teil. Auch heute präsentiert er sich in sozialen Medien

gerne sportlich, bei einer winterlichen Laufrunde oder auf Kletter-
tour in den Alpen.

Parallel zu Kickls Schulkarriere steigt der Politiker Jörg Haider
politisch auf. Als Kickl 1983 in die Oberstufe kommt, ist Jörg Haider
wortgewaltiger Landesparteiobmann, der nicht nur in Kärnten die
Opposition anführt, sondern oft und gerne gegen die Bundes-FPÖ,
die unter dem damaligen Parteichef Norbert Steger mit der SPÖ in
der Regierung ist, agitiert. Im September 1986 putscht Haider Steger
schließlich von der Parteispitze. Bundeskanzler Franz Vranitzky
(SPÖ) löste daraufhin die Regierungskoalition auf.

»Der junge Jörg Haider hat mich als Schüler sicher interessiert«,
sagt Kickl einmal in einem Interview. Einen rebellischen Ansatz,
Tabubruch und Wille zur Veränderung habe er im neuen FPÖ-Chef
gesehen: »Das war alles ganz anders als bei meinen Lehrern, die
fast alle links waren, auf eine billige Art links.« Auch wie Haider
damals ein Kärntner Dorf von Rot auf Blau dreht, imponiert dem
jungen Kickl. Haiders Wahlplakate imponieren ihm: »Die hatten
einen ganz neuen Stil, waren rotzfrech in der Ansage. Das war ein
Zugang, wo ich dann gesagt hab: ›Das ist etwas, was es noch nicht
gegeben hat.‹«

Kickl als Student

Bis Kickl in der FPÖ Karriere macht, dauert es aber noch. Nach
Matura und Wehrdienst übersiedelt er von Kärnten nach Wien,
inskribiert zuerst Politikwissenschaft und Publizistik, dann wechselt
er zum Philosophiestudium.

An seiner Uni beschreibt er sich selbst als Außenseiter, auch
politisch gesehen: »Am Institut waren die Linken überrepräsen-
tiert. Deutscher Idealismus als Schwerpunkt – da kann man sich

eh vorstellen, wie man aufgenommen wird in einem Umfeld, das Genderphilosophie und Ähnliches betreibt.« Der Kärntner Philosophiefreund stürzt sich hingegen auf Kant und Hegel. Kickl lernt an der Uni auch die Theorien von Karl Marx kennen und ihm gefällt »die dialektische Schulung, wie sie linke Kader haben«. Das verrät er dem *Falter* 2005 in einem Interview. Auch weltanschaulich sieht der junge Kickl mehr ideologische Übereinstimmung mit linken Denkern als mit irgendwelchen Turbokapitalisten: »Den Markt für sich selbst die Dinge in die Hand nehmen zu lassen, wie es eine Zeitlang in der Partei angedacht wurde, meistens von denen, die schon auf der privilegierten Seite sitzen, das halte ich für unanständig, politisch wie intellektuell.«

Seine nie abgeschlossene Diplomarbeit trägt den Titel »Die transzendentale Deduktion der Kategorien und Bewusstseinskapitel in Hegels Phänomenologie«. Er schließt sein Studium nie ab, angeblich fehlen seiner Diplomarbeit nur zwei Kapitel. Den Fast-Philosophen betont Kickl aber auch später gerne. Unter ihm als Generalsekretär sind FPÖ-Presseaussendungen mit Zitaten berühmter Denker geschmückt. »In der Freizeit nehme ich mir gerne einen Hegel zur Hand oder lese zur Entspannung wieder einmal einen Platon«, antwortete der blaue Philosoph, als der *Falter* ihn 2005 nach seinem Lieblingsschriftsteller fragte.

Kickl als FPÖ-Mitarbeiter

Die Philosophie führt Kickl direkt zur FPÖ. 1995 heuert er beim Freiheitlichen Bildungsinstitut, der Parteiakademie der FPÖ, an. »Ich kann nichts, aber ich kann alles lernen.« Das soll er damals bei der Bewerbung gesagt haben. So erzählte es zumindest ein alter Wegbegleiter. »Mein Studienkollege Johannes Berchtold, der jetzt die

Männerabteilung im Sozialministerium leitet, war in der freiheitlichen Akademie und hat mir gesagt, schau doch vorbei«, erinnert er sich. Weil man als Philosophiestudent ohnehin dauernd höre, man habe zwei linke Hände und sei zu nichts zu gebrauchen, wollte er mit dem Job in der Akademie beweisen, dass man auch mit so einem Studium Geld verdienen kann.

Anfangs ist Kickl nur für Organisatorisches zuständig. Über den damaligen FPÖ-Bundesgeschäftsführer Gernot Rumpold kommt er zu Haider und wird einer von dessen persönlichen Referenten. Für Kickl heißt das zu Beginn seiner Parteikarriere vor allem, heißes Wasser mit einer Thermoskanne und einem Glas voll Eiswürfeln perfekt zu temperieren. »Im Wahlkampf 1995 war ich für den Tee von Jörg Haider zuständig«, erzählte Kickl vor einigen Jahren dem *Kurier*. »War er zu heiß, konnte Jörg ihn nicht trinken. War er zu kalt, hätte er sich verkühlt. Es war ein Winterwahlkampf, da muss man auf die Stimme achten. So gesehen war der Tee wichtig.«

Vom Tee geht es weiter zum Schimpfen. Kickl wird Haiders Redenschreiber, gestaltet dessen politische Reden. Harmlose, wie etwa seine erste Arbeit als Ghostwriter im Jahr 1999, als er für den Kärntner Landeshauptmann einen Text zur Neueröffnung des Kongresshauses in Villach verfasst. Aber auch Schmähreden, etwa jene zum politischen Aschermittwoch der FPÖ. Da lässt Kickl Haider schimpfen, der damalige französische Präsident Jacques Chirac, der federführend beteiligt war an den Sanktionen, die die EU-Mitgliedsstaaten 2000 gegen Österreich verhängten, nachdem die ÖVP mit der FPÖ erstmals eine rechtsextreme Partei in Regierungsfunktion brachte, sei ein »Westentaschennapoleon«. Oder über Ariel Muzicant, den damaligen Präsidenten der Israelitischen Kultusgemeinde in Österreich: »Ich verstehe überhaupt nicht, wie jemand, der so viel Dreck am Stecken hat, Ariel heißen kann.« Eine plumpe Anspielung auf das bekannte Waschmittel Ariel, die im Saal für Schenkelklopfer sorgte.

Obwohl Kickl viele Jahre im Umfeld des damaligen Kärntner Landeshauptmanns verbringt, sagt er später: »Zum Jörg Haider hat es nie ein Naheverhältnis gegeben«. Er war »nie in seiner Wörtherseetruppe, diese Distanz habe ich immer zu bewahren versucht«. Auch inhaltlich distanziert sich Kickl vom früheren FPÖ-Übervater. 2002 sagt Haider beim politischen Aschermittwoch der FPÖ über Ludwig Adamovich, zu dieser Zeit Präsident des Verfassungsgerichtshofes: »Wenn einer schon Adamovich heißt, muss man zuerst einmal fragen, ob er überhaupt eine aufrechte Aufenthaltsberechtigung hat.« Das stamme nicht aus seiner Feder, sagt Kickl später dazu. »Das war Haiders Eigenproduktion. So etwas gefällt mir nicht, das ist einfach blöd.«

Parteiintern ist der junge Kickl in diesen Jahren nicht nur am Redenschreiben. Er ist auch für Hilfsarbeiten zuständig. Noch 2002, als die Kärntner Freiheitlichen Journalisten zu ihrer 1.-Mai-Feier einladen, ist Kickls Handynummer als Kontakt für Pressefotos angegeben. 2004 arbeitet Kickl zum letzten Mal für Haider, ist beteiligt an der Gestaltung des Kärntner Landtagswahlkampfs 2004. »An Bessern kriag ma nimma«, steht auf den Plakaten unter Haiders Porträt. Damit gewinnt die Kärntner FPÖ 42,2 Prozent der Stimmen, ein sensationelles Ergebnis. »Kickl ist ein guter Spindoctor«, sagt Haiders damaliger persönlicher Assistent Stefan Petzner 2012 im *Kurier*. »Aber er hat einen üblen Charakter.«

Kickl als Generalsekretär

Im Jahr 2005 sieht die politische Welt in Österreich noch ganz anders aus. Im April 2005 spaltet sich die FPÖ. Jörg Haider, der frühere FPÖ-Chef und zu dieser Zeit Kärntner Landeshauptmann, verlässt die Freiheitliche Partei und gründet das »Bündnis Zukunft

Österreich« (BZÖ), und das gemeinsam mit der damaligen FPÖ-Regierungsriege, die sich zu diesem Zeitpunkt bereits fünf Jahre mit der ÖVP in einer Koalition befindet. Der überwiegende Teil des freiheitlichen Parlamentsklubs wechselt zum BZÖ. Nur zwei Nationalratsabgeordnete bleiben der FPÖ damals. In den Ländern bekriegen und spalten sich die Landesparteien. Jeder und jede Freiheitliche steht vor der Frage: mit Haider mitgehen oder bei dessen Herausforderer und neuem FPÖ-Chef Heinz-Christian Strache bleiben?

Auch Herbert Kickl steht vor dieser Entscheidung. Er hat von beiden Seiten berufliche Angebote. Haider will ihn in Kärnten bei sich haben. Der langjährige Haider-Verehrer wählt Strache. Karrieretechnisch definitiv eine kluge Entscheidung. Denn so wird der damals politisch völlig Unbekannte im Frühjahr 2005 FPÖ-Generalsekretär und Chefstratege der FPÖ. »Es war eine Blitzbeförderung«, sagt Kickl 2005 über seinen politischen Aufstieg. Als Mann im Hintergrund ist er für viele Jahre Vater des Erfolges der FPÖ unter Parteichef Strache. Eine blaue Erfolgsgeschichte, die erst der Ibizaskandal im Juni 2019 stoppt.

»Die Parteispaltung brachte ihn nach oben, aus dem einfachen Sekretär wurde ein General mit dem Zuständigkeitsbereich Strategie und Kampagnen«, schreibt das Nachrichtenmagazin *Profil* im Februar 2006 und beschreibt Kickl als einen »intelligenten, leicht verspielten Typ«. Es diagnostizierte aber auch »einen etwas autoritären Einschlag«. Laut *Profil* sind Kickls Gegner schon damals »das Großkapital« und »das System« gewesen, »die Heimat« galt in seinen Augen hingegen als schützenswert.

Unter Generalsekretär Kickl schwenkt die FPÖ ab 2005 auf einen klar islamfeindlichen Kurs ein. Kickl reimt für Strache dafür Slogans wie »Daham statt Islam« oder »Pummerin statt Muezzin«, Frauen, die Kopftuch tragen, gelten in der blauen Welt plötzlich als Bedrohung. »Jahrelang haben Rot, Grün und Schwarz das Märchen von der friedvollen multikulturellen Gesellschaft erzählt, wo alle

Menschen sich umarmen und den ganzen Tag lachen, tanzen und singen«, schreibt Kickl im Jänner 2006 in einer Presseaussendung. »Die Wirklichkeit sieht anders aus: Islamistische Hassprediger in Wien, Minarette in Tirol, Kopftuchzwang in Linz – und das alles ist nur die Spitze des Eisbergs.«

Der neue Generalsekretär verpasst der FPÖ einen neuen Außenauftritt: »Deutsch statt nix verstehn«, »Abendland in Christenhand«, »Echte Volksvertreter statt EU-Verräter«, »Unser Geld für unsre Leut«, »Asylbetrug heißt Heimatflug«. Unter Kickl sind die freiheitlichen Slogans ebenso knapp wie radikal. »Wir haben immer versucht, mit drei Worten zu arbeiten und es möglichst zu reimen, damit die Slogans eingängiger sind«, sagt Kickl 2006 über seine Kampagnen. Man müsse die Menschen genau in der Sekunde Aufmerksamkeit, die sie für Politik überhaupt noch haben, erwischen, lautet sein Credo.

Neben Ausländern und Islam ist es die Europäische Union, die Kickl als zentrales Feindbild seiner Partei auswählt. Als Sozialsprecher des FPÖ-Nationalratsklubs spricht er sich anfangs noch für eine Reichensteuer aus. »Weil mir ist es nicht egal, ob ich für die Reichen oder die Armen da bin«, gibt sich der FPÖ-Politiker 2005 noch klassenkämpferisch. Heute ist Kickl klar gegen eine solche Steuer.

Kickls Sozialpolitik hat von Anfang an eine eindeutige rassistische Prägung. Staatliche Sozialleistungen möchte er ausschließlich österreichischen Staatsbürgern vorbehalten. Ausländerinnen und Ausländer, die in Österreich arbeiten, sollen sich ihre eigene Krankenversicherung finanzieren und dort auch nur Basisleistungen beziehen dürfen. Bildungspolitisch setzte er in Wahrheit auf Segregation statt Integration: Kinder, die nicht ausreichend Deutsch sprechen, sollten Ausländerkindergärten besuchen, finanziert von den Eltern und nicht vom Staat. Ausländer, »für die es keine Arbeitsplätze oder Wohnungen im Land gibt«, wie es im damals erstmals erschienenen »Handbuch freiheitlicher Politik« stand, will er sofort abschieben, denn Gastarbeiter, die arbeitslos werden, »haben die Möglichkeit, im

Heimatland Arbeit zu finden«. Und wer die österreichische Staatsbürgerschaft verliehen bekommt (und nicht durch Geburt erwarb),
dürfe erst gar nicht straffällig werden, sonst drohen der Verlust des
Passes und die Staatenlosigkeit.

Neben der inhaltlichen Neuausrichtung der FPÖ kümmert sich
Kickl auch darum, die passenden medialen Kanäle aufzubauen, um
ihre Botschaften unter die Leute zu bringen. Im blauen Kosmos rund
um die FPÖ gibt es mittlerweile eine Vielzahl an Onlinemedien, die
gemeinsam mit sozialen Medien wie Facebook und Telegram die
Botschaft der Freiheitlichen verbreiten. Dazu hat die FPÖ auch seit
mehr als zehn Jahren einen eigenen Youtube-Kanal namens FPÖ TV.
Die anderen Medien seien nur »darauf ausgerichtet, die Freiheitliche
Partei kleinzuhalten«, in Österreich herrschten »Zensur« und »par-
teipolitisch motivierte Verzerrungen«, erklärte der damalige FPÖ-
Generalsekretär Kickl im ersten Beitrag von FPÖ TV.

Als »Straches Schreibtischtäter« bezeichnet der frühere FPÖ-
Politiker Uwe Scheuch den neuen blauen Generalsekretär. Eine
Bezeichnung, die Kickl schon damals gar nicht gefällt. Das sei der
»Versuch einer Kriminalisierung«. Anfangs möchte er noch gefallen,
möchte vom politischen Gegner akzeptiert und von Medienvertre-
tern anerkannt werden. Über den damaligen Grünen-Parteichef Alexander Van der Bellen sagt Kickl 2005 noch: »Ich schätze die Art, mit
der Alexander Van der Bellen Politik kommuniziert, das gefällt mir,
das hat Sex.« Eine Rede für den grünen Parteichef zu verfassen hält
Kickl damals noch für »eine spannende Gschicht!«. Heute ist Van der
Bellen Bundespräsident und Kickl beschimpft ihn als »Mumie in der
Hofburg« und als »Demokratie- und Staatsgefährder«, der des Amtes
enthoben gehöre.

Viele Jahre gefällt sich Kickl in der Rolle des mächtigen Mannes
in der zweiten Reihe. Die große Bühne, die gehört dem damaligen
FPÖ-Vorsitzenden Strache. Dahinter steht Kickl, der Unauffällige,
bei dem aber alle Fäden zusammenlaufen. »Meist sieht man ihn in

Jeans und blauem Hemd ohne Krawatte. Mit seiner schmalen Brille und den leicht zerzausten Haaren erinnert er an einen gealterten Harry Potter«, schreibt das deutsche Magazin *Focus* 2016 über den damaligen FPÖ-Generalsekretär. In diesem Jahr zeigt Kickl erstmals öffentlich, wie wenig Berührungsängste er zur rechtsextremen Szene hat. Im Gegensatz zu vielen in seiner Partei ist Kickl nicht Mitglied einer deutschnationalen Studentenverbindung. Die Deutschtümelei ist ihm lange Zeit fern. Allerdings beginnt er immer mehr, seine engsten Mitarbeiter in diesen Kreisen zu rekrutieren. Alexander Höferl, den Kickl später zum Kommunikationschef im Innenministerium ernennt, ist Mitglied der Burschenschaft Gothia, sein späterer Kabinettschef Reinhard Teufel ist Mitglied der Innsbrucker akademischen Burschenschaft Brixia und der FPÖ-Klubdirektor Norbert Nemeth ist Alter Herr der Burschenschaft Olympia. Alle drei deutschnationale studentische Verbindungen, die selbst in diesen Kreisen extrem weit rechts außen stehen.

Kickl selbst tritt 2016 als Redner beim Kongress der »Verteidiger Europas« in Linz auf, einer rechtsextremen Veranstaltung, die sich der vermeintlichen »ethnokulturellen Verdrängung der europäischen Völker« widmete. Mit dabei sind damals die rechtsextreme Identitäre Bewegung, der deutsche Publizist Götz Kubitschek, dessem »Institut für Staatspolitik« das deutsche Verwaltungsgericht in Magdeburg »rassistische und biologistische Sichtweisen« bestätigt. Das Institut »richte sich gegen die freiheitliche und demokratische Grundordnung«, zitiert das deutsche Nachrichtenmagazin *Der Spiegel* aus dem Urteil. Ebenfalls unter den Gästen ist der Deutsche Jürgen Elsässer, Herausgeber des *Compact*-Magazins, das der deutsche Verfassungsschutz als »gesichert rechtsextrem« einstuft.

In dieser illlustren Runde hält Kickl damals eine Rede: »Das ist ein Publikum, wie ich mir das wünsche und wie ich es mir vorstelle«, begrüßte er die rechtsextreme Schar, denn, »es ist etwas ganz etwas anderes, wie wenn man im Parlament steht, dort redet und in diesen frustrierten, dauerbetroffenen linken Flügel der Roten und Grünen hineinschaut, wo es nur mehr mieselsüchtige Gestalten gibt.«

Innenminister Kickl

In der FPÖ ist es damals schon normal, bei derartigen rechtsextremen Runden Reden zu schwingen. Kickls Auftritt in Linz hat keinerlei Konsequenzen. Ganz im Gegenteil: Bei den Koalitionsverhandlungen zwischen ÖVP und den Freiheitlichen im Jahr 2017 ist Kickl der zentrale Verhandler. Das Wirtschaftsmagazin *Trend* schreibt damals: »Klar ist er eine Schlüsselfigur der Verhandlungen. Wenn er seine Positionen darlegt, ist es mucksmäuschenstill, und Strache und Hofer sitzen da wie die Schulbuben«, berichtet ein Verhandlungsteilnehmer über Kickls Autorität. »Kickl wirkt auch oft, als würde er für sich allein stehen«, sagt ein langjähriger Beobachter, »es gibt auch in der FPÖ Leute, die ihn fürchten, weil er so unnahbar ist.« So viel von Kickls Einschätzung abhängt, so wenig greifbar soll er manchmal selbst für Parteikollegen sein.

Laut *Trend* seien die Eigenschaften, die man Kickl heute nachsagt, schon bei seinem Einstieg in die Politik ausgeprägt gewesen. Dazu zähle »sein offensichtlicher Hang dazu, sich vehement gegen das zu stellen, was er als Mainstream wahrnimmt«. Kickl gefalle sich als Underdog, besitze aber auch eine »gewisse Wendigkeit«, wenn es um seine eigenen Karrierebelange geht. Allerdings würden ihm politische Gegner eine große intellektuelle Schärfe und ein Gespür dafür, was einen großen Teil der Menschen bewegt, attestieren. Außerdem sei Kickl ein sprachlich äußerst begabter Zuspitzer und zeichne sich durch Durchsetzungsstärke »und eine gewisse Sturheit« aus.

Das bekommt ab 2017 auch die Öffentlichkeit mit. Als Innenminister steht Kickl damals das erste Mal so richtig im Rampenlicht.

Er nutzt es, um Grenzen zu verschieben. Der neue Innenminister stellt öffentlich die Europäische Menschenrechtskonvention, eine der größten zivilisatorischen Errungenschaften, in Frage und will Flüchtlinge »konzentriert« an einem Ort halten. Als Innenminister sagt er: »Ich glaube immer noch, dass der Grundsatz gilt, dass das Recht der Politik zu folgen hat und nicht die Politik dem Recht.« Diese Aussagen, mit denen Kickl stets auch die Grenzen des Sagbaren verschiebt, kommen besonders bei freiheitlichen Zielgruppen gut an. Jedes Mal, wenn auf solche verbalen Grenzüberschreitungen Protest folgt, zieht sich Kickl in die Opferrolle zurück. Man habe ihn bewusst missverstanden. Der Politikexperte Thomas Hofer sieht das anders: »Ich bin sicher, dass das mit voller Absicht gesagt wurde. Herbert Kickl weiß, was er tut«, sagt Hofer im Jänner 2019 über den damaligen Innenminister.

Auch als Innenminister betont Kickl gerne seine Nähe zur Philosophie. Bei einem Interview zeigt er eine kleine Holzkiste, die er sich in sein Ministerbüro gestellt hat. Darin sind antiquarische Ausgaben der großen deutschen Philosophen und des Griechen Platon – in Frakturschrift, wie Kickl extra betont. So fühle er sich »der Ära dieser großen Denker näher, dem Gefühl von Öllampe in finsterer Kammer, Feder und Tintenfass«. Als das Parlament nach dem Umbau im Jänner 2023 neu eröffnet wird, darf Kickl wie alle anderen Klubobleute in der Parlamentsbibliothek fünf Bücher als Leseempfehlung ausstellen. Er wählt Friedrich Schiller, Victor Hugo, Immanuel Kant, Georg Wilhelm Friedrich Hegel und Jean-Jacques Rousseau aus.

Eines muss man Kickl lassen: Auch als Innenminister bleibt er sich treu. Unter einem Minister Kickl sucht die Polizei erstmals per bezahltem Inserat in rechtsextremen Publikationen nach neuen Polizeischülerinnen und -schülern. Gleichzeitig verschickt der damalige, von Kickl eingesetzte Ministeriumssprecher eine interne Anweisung an die Kommunikationsabteilungen der Landespolizeidirektionen.

Darin findet sich eine Aufforderung, die Kommunikation mit kritischen Medien wie etwa dem *Kurier*, dem *Standard* oder dem *Falter* »auf das nötigste (rechtlich vorgesehene) Maß zu beschränken«. Medien, die positiv über Kickl berichteten, sollten hingegen »Zuckerln« bekommen. Als *Standard*-Journalist Michael Möseneder über diese Anweisung berichtet und massiver Protest laut wird, rudert Kickl zurück: »Die Formulierungen bezüglich des Umgangs mit ›kritischen Medien‹ finden nicht meine Zustimmung«, schreibt der Innenminister in einer Presseaussendung.

In Kickls Ministerium passieren ungewöhnliche Dinge. Das Harmloseste ist noch Kickls Versuch, eine berittene Polizei in der Bundeshauptstadt einzuführen. Das Projekt floppt, laut *Kurier* kosten die Polizeipferde, die keinen einzigen Einsatz ritten, bis zur Jahreshälfte 2019 bereits rund 2,5 Millionen Euro. Der heutige FPÖ-Chef beherrscht Symbol- und Sprachpolitik, und er weiß, wie man mit Begriffen Politik macht. Etwa als er beim Asylaufnahmezentrum im niederösterreichischen Traiskirchen ein neues Taferl montieren lässt. Unter einem Innenminister Kickl heißt es nun »Ausreisezentrum«.

Als Innenminister ist Kickl plötzlich auch Chef jener Behörde, die ihn 2016 beim Kongress der rechtsextremen »Verteidiger Europas« noch beobachtete: dem damaligen Bundesamt für Verfassungsschutz und Terrorismusbekämpfung (BVT). Plötzlich passiert genau dort, wo die Republik vor extremistischen und terroristischen Angriffen geschützt werden soll, eine Razzia. Am 28. Februar 2018 durchsuchen Beamte der Einsatzgruppe zur Bekämpfung der Straßenkriminalität die Räumlichkeiten des BVT und auch Privatwohnungen. Die Hausdurchsuchung wird vom Generalsekretär im Innenministerium, den Kickl eingesetzt hat, mit ausgelöst. Grund für die Hausdurchsuchung ist ein Antrag der Wirtschafts- und Korruptionsstaatsanwaltschaft (WKStA). Als Begründung wird eine anonyme Anzeige vom Herbst 2017 herangezogen, die Kickls Generalsekretär im Innenministerium an die WKStA weitergegeben hatte. Bei diesen Hausdurchsuchungen werden auch Datenträger jener Verfassungsschützerin beschlagnahmt, die damals das Referat für Rechtsextremismus im BVT leitet. Später bestätigt das Oberlandesgericht Wien, dass die Hausdurchsuchung nicht rechtmäßig war.

Wie auch die damals durchgeführte Suspendierung des BVT-Chefs Peter Gridling. Übrig bleibt ein Verfasssungsschutz, dessen Ruf international beschädigt ist. Damals verweigern westliche Geheimdienste eine Zusammenarbeit mit den österreichischen Verfassungsschützern. Dies auch, weil die FPÖ damals gute Kontakte zu Einiges Russland pflegt, der Regierungspartei des russischen Präsidenten Wladimir Putin.

Interessant an der BVT-Razzia ist auch der Fokus auf die Ermittlungen der Verfassungsschützer in Richtung Rechtsextremismus. Etwas später, im Oktober 2018, deckt der *Falter* auf, dass sich Innenminister Kickls Generalsekretär nur einen Tag nach Auffliegen der Liederbuchaffäre Insiderinfos aus dem BVT liefern lässt. Im Februar 2018 berichtet der *Falter* über ein Liederbuch aus der Burschenschaft, in der Udo Landbauer damals stellvertretender Vorsitzender ist. Landbauer ist schon damals eine der Zukunftshoffnungen der FPÖ, führt die Partei im niederösterreichischen Landtagswahlkampf an. In diesem Liederbuch, das dem *Falter* zugespielt wird, finden sich Liedtexte, die sich über den Massenmord an den Juden durch die Nationalsozialisten lustig machen, und auch Lieder, die die Gräueltaten der nationalsozialistischen Wehrmacht auf der griechischen Insel Kreta verherrlichen. Landbauer erklärt, vom *Falter* mit dem Liederbuch konfrontiert, er kenne diese Lieder nicht. In den Liederbüchern, die er aus seiner Burschenschaft kenne, seien diese Seiten geschwärzt. Am Tag, nachdem die Liederbuchaffäre öffentlich wird, stellt der Generalsekretär an den BVT folgende Fragen: »Welche Burschenschaften waren zwischen 2012 und 2017 Gegenstand von Ermittlungen? Gab es in dieser Zeit Ermittlungen gegen Personen, die Mitglieder einer Burschenschaft sind? Wenn ja, gibt es Anzeigen?

Welche Maßnahmen im Zusammenhang mit Vereinsauflösungen wurden in der letzten Regierungsperiode seitens Rechtsextremismus-Referat gesetzt? Wo wurden im Bereich Rechtsextremismus verdeckte Ermittler eingesetzt?«

Aber weder die BVT-Affäre noch Kickls verbale Angriffe auf die Menschenrechtskonvention haben koalitionsintern Konsequenzen. Letztlich ist es die Ibizaaffäre, die den FPÖ-Politiker aus dem Amt hievt – obwohl Kickl in Sachen Ibiza nicht beteiligt war. Im Juni 2019 veröffentlichen die deutschen Medien *Süddeutsche Zeitung* und *Spiegel* ein Video, das den damaligen Vizekanzler Strache und den FPÖ-Klubobmann Johann Gudenus im Jahr 2017 in einer Villa auf der Partyinsel Ibiza zeigt. Darin denken die beiden laut darüber nach, mithilfe des Gelds einer vermeintlichen russischen Oligarchin die Berichterstattung der auflagenstärksten Zeitung des Landes im Sinne der FPÖ zu beeinflussen.

Kickl als FPÖ-Chef

Der Ibizaskandal bedeutet für Strache und Gudenus den Rücktritt aus ihren Ämtern und das Ende ihrer politischen Karrieren. Auch Kickl muss das Innenministerium verlassen. Der damalige Bundeskanzler Sebastian Kurz schlägt dem Bundespräsidenten die Entlassung von Kickl als Innenminister vor, was dieser am 22. Mai 2019 auch tut. Damit ist Kickl der erste und bisher einzige Minister seit 1945, der aus seinem Amt entlassen wird.

Die ÖVP ruft Neuwahlen aus. Die FPÖ verliert ihre Regierungsbeteiligung. Straches Nachfolger wird erst der langjährige Dritte Nationalratspräsident Norbert Hofer. Im Juni 2021 legt dieser sein Amt zurück. Auf die Frage der Boulevard-Tageszeitung *Österreich*, ob sein Rücktritt mit dem Streit mit FPÖ-Klubobmann Herbert Kickl zu tun hätte, antwortet Hofer: »Ja natürlich. Ich lasse mir nicht jeden Tag ausrichten, dass ich fehl am Platz bin.«

Im Juni 2021 wird schließlich Kickl auf einem FPÖ-Sonderparteitag mit 88,24 Prozent zum neuen FPÖ-Parteivorsitzenden gewählt. Unter seiner Obmannschaft beschränkt sich die FPÖ erstmals nicht nur auf die politische Arbeit in Nationalrat und Landtagen, sondern mobilisiert auch ganz bewusst die Straße. Und die Partei schlägt in der Corona-Politik einen radikalen Kurs ein. Seit der Pandemie steht die FPÖ ganz offen zu ihren Freunden aus der rechtsextremen Szene, wie etwa den Identitären. Probleme mit Rechtsextremismus in den eigenen Reihen gibt es bei den Freiheitlichen auch zuvor regelmäßig. Aber früher versuchte die FPÖ-Spitze zumindest, dies zu verstecken und, wenn das nicht funktionierte, rassistische oder antisemitische Entgleisungen in den eigenen Reihen als Einzelfälle zu verharmlosen. Heute marschieren sie öffentlich Seite an Seite. Martin Sellner, Begründer der Identitären in Österreich, ruft bei der Wahl 2019 dazu auf, Kickl eine Vorzugsstimme zu geben. Kickl wiederum nennt die rechtsextremen Identitären zwei Jahre später ein »interessantes und unterstützenswertes Projekt«.

Kickl inszeniert sich öffentlich als »Volkskanzler«, ein Ausdruck, den ursprünglich die Nationalsozialisten verwendeten. »Im Duden des Jahres 1941 ist unter ›Volkskanzler‹ zu lesen: ›Bezeichnung für Hitler zum Ausdruck der Verbundenheit zwischen Volk und Führer‹«, ist im November 2023 im *Standard* dazu zu lesen.

All das sind Gründe, sich genauer mit den Worten dieses Mannes auseinanderzusetzen, der die politische Macht in Österreich anstrebt und das Land nach seiner Ideologie umwandeln will. Deshalb ist es wichtig, Kickl beim Wort zu nehmen und das, was er in den vielen Jahren, in denen er als Politiker tätig ist, gesagt hat, wörtlich zu dokumentieren. Denn: »Auf den ersten Blick schaut er harmlos aus«, sagte Stefan Petzner, bis zu dessen Tod enger politischer Vertrauter von Jörg Haider, im Dezember 2017 in der Zeitschrift *Kärntner Monat* über Kickl. Doch das sei er keinesfalls: »Er ist mit allen Wassern gewaschen. Er ist unberechenbar, skrupellos und lässt sich niemals in die Karten schauen.«

HERBERT KICKL
ÜBER ASYLPOLITIK

Auch in Österreich soll das UNHCR-Projekt »LastExitFlucht« eingesetzt werden. Dabei handelt es sich um ein Internetspiel, in dem Kinder ab 13 Jahren interaktiv in die Rolle von Flüchtlingen schlüpfen sollen. Starten soll das Projekt am 6. März. Laut UNHCR-Sprecher Schönbauer soll damit eine »positive Einstellung gegenüber Flüchtlingen« gefördert werden. Kritik an diesem Projekt kommt von FPÖ-Generalsekretär Herbert Kickl. Mit solchen Spielchen sollten offenbar bereits Kinder in eine ganz bestimmte politische Richtung gedrillt werden. Damit solle nur verschleiert werden, dass Österreich zu einem Eldorado für Asylmissbrauch geworden sei. »Anstatt hier Gelder in ein Gehirnwäscheprogramm zu pumpen, sollte Asylwerbern vielmehr der Respekt vor unserer Sprache, unserer Kultur und unseren Traditionen gelehrt werden«, forderte der freiheitliche Generalsekretär. (Presseaussendung, 2. März 2006)

Neben einem Zuwanderungsstopp müsse es dringend auch eine sinnvolle Verschärfung der Asylgesetze geben. Außerdem bedürfe es endlich einer Qualifizierungsoffensive auf dem österreichischen Arbeitsmarkt, anstatt ständig das Heil im Import von billigen Arbeitskräften aus Osteuropa zu suchen. (Presseaussendung, 5. Oktober 2007)

Ein Bleiberecht käme einer Aufforderung zum Asylmissbrauch gleich und würde in letzter Konsequenz zu unkontrollierter Masseneinwanderung führen, betonte Kickl. »Das Sozialsystem würde dann endgültig kollabieren, Gewinner wären die internationalen Großkonzerne, die dann über ein nahezu unerschöpfliches Reservoir billiger Lohnsklaven verfügen würden.« (Presseaussendung, 14. Oktober 2007)

Angeblich kein Geld für Pflege, aber Asylwerber werden auf Kur geschickt! (Presseaussendung, 10. November 2007)

»Der Rechtsstaat darf sich – auch von minderjährigen – Asylwerbern nicht länger auf der Nase herumtanzen lassen. Die Asylgroteske um Arigona Zogaj muss mit der Abschiebung endlich ein Ende finden, und mit sonst nichts.« (Presseaussendung, 18. Dezember 2007)

»Asylbetrug heißt Heimatflug« (FPÖ-Slogan Nationalratswahl 2008)

»Ich glaube, dass, wenn jemand in ein Land kommt, dort um Asyl ansucht, in Wahrheit ein Gastrecht erbittet, einen Schutz erbittet, eine Hilfe erbittet und es dann nicht für notwendig hält, sich an die Gesetze des Landes zu halten, dann hat er in diesem Land auch nichts verloren.« (ORF-Report, 16. September 2013)

Es sei erstaunlich, so Kickl, dass von den tausenden Flüchtlingen die bei der Tschechien- oder Ungarn-Krise zu uns geflüchtet seien, keinerlei Episoden bekannt seien, wonach sich diese über ihre Aufnahme oder Unterkünfte bei uns beschwert hätten. Damals habe es allerdings auch noch keine gut verdienende Asylindustrie gegeben, die die Asylwerber aufgehetzt hätte, mahnte Kickl Verhältnismäßigkeit bei den »Gutmenschen«-Organisationen ein. (Presseaussendung, 10. Oktober 2014)

Die Asyllobby macht mit der Unterbringung und Versorgungen von Aslywerbern, darunter vor allem Schein-Asylanten, gute Geschäfte. Und wären von Anfang an alle Angaben korrekt, die Asylwerber bei der Antragstellung machen, gingen auch die Verfahren deutlich schneller über die Bühne. So dauern sie länger, als sie müssten, und für all das kommen die Österreicherinnen und Österreicher mit ihrem Steuergeld auf. (Presseaussendung, 22. Oktober 2014)

Illegale Einwanderer, die das Asylrecht schamlos missbrauchen, versuchen oft, ihre rechtsstaatlich in jeder Hinsicht gerechtfertigte und rechtmäßige Abschiebung in einem AUA-Passagierflugzeug durch renitentes Verhalten und lautes Schreien zu verhindern, eine Vorgangsweise, die nicht nur die Sicherheit der anderen Passagiere gefährdet, sondern schon oft zum Abbruch des Abschiebevorgangs geführt hat und hohe Kosten für den österreichischen Steuerzahler bedeutet. Daher wäre es zielführender, das französische Modell zu übernehmen und für Abschiebungen die Hercules-Transportflugzeuge des österreichischen Bundesheers zu benutzen. (Presseaussendung, 18. Juni 2015)

»Alleine heute Vormittag sind im Wiener Stadtgebiet rund 100 Flüchtlinge von Schleppern abgesetzt worden«, forderte der freiheitliche Generalsekretär NAbg. Herbert Kickl die Innenministerin auf, die derzeit laufende Invasion an Geschleppten endlich zu stoppen. Ob im Pratergebiet, der Laxenburger Straße oder der Südosttangente, der Asylmafia sei das Handwerk zu legen, so Kickl. »Das ist kein normales Asylaufkommen mehr, das ist bereits eine Invasion«, so Kickl. Offenbar werde die heimische Asylindustrie von ihren »Zuliefer-Betrieben« derzeit mit »Neukunden« überschwemmt. (Presseaussendung, 23. Juli 2015)

Österreich schafft sich ab: Man rechnet mit rund einer Milliarde Euro Mehrkosten für das Budget 2016 durch den Asylwerberstrom. Zum Vergleich: Das entspricht in etwa dem Gesamtbudget des AMS 2015. Und bei dieser – noch dazu niedrig angesetzten – einen Milliarde wird es nicht bleiben, das wird Jahr für Jahr noch mehr werden. Wer bitte soll das bezahlen – die Steuerlast ist bereits jetzt am Anschlag. Wir müssen die Notbremse ziehen, sonst wird diese neue Völkerwanderung nicht nur den Arbeitsmarkt bedrohen, sondern sämtliche Systeme in Österreich. (Presseaussendung, 11. September 2015)

»Offenbar gehen die heimischen Gutmenschen und Genderisten auf eine Armlänge Abstand von der Realität, wenn es sich bei einigen der mutmaßlichen Täter um Personen aus der Gruppe der Refugees handelt«, sagte Kickl. Es müsse wohl erst der Schock verdaut werden, dass sich unter den mit »Refugees welcome«-Schildern begrüßten überwiegend illegalen Zuwanderern auch einige befänden, die Frauen offenbar als Freiwild sehen würden, so Kickl. Die falsche Toleranz, vor der die FPÖ konsequent gewarnt habe, sei mitverantwortlich für unerträgliche Zustände à la Köln und die medialen Versuche, die Ereignisse wenn schon nicht ganz zu verschweigen, so doch möglichst kleinzuschreiben, sagte Kickl, der Schwarzer zitierte: »Nun, wir können auch weiterhin die Augen verschließen und so tun, als gäbe es diese Probleme nicht. Die fatalen Folgen dieser Ignoranz erleben wir nicht erst seit heute. Und übrigens, kleiner Hinweis an die selbstgerechten ›Anti-Rassisten‹ vom Dienst: Mit dem blauäugigen Import von Männergewalt, Sexismus und Antisemitismus gefährden wir nicht nur unsere Sicherheit und Werte ...« (Presseaussendung, 7. Jänner 2016)

Ein sofortiger Stopp bei der Aufnahme von Asylwerbern muss nun endlich Platz greifen und auch das Recht auf Familiennachzug ist gänzlich abzuschaffen – das sind die Gebote der Stunde. Zudem ist

Asyl wieder als das zu handhaben, was es ist: Schutz auf Zeit und nicht das Recht auf Einwanderung. Sonst werden jedes Jahr weitere tausende Migranten unter dem Deckmantel »Ich brauche Asyl« nach Österreich einwandern, schlussendlich höchstwahrscheinlich nicht integriert und obendrein ohne Arbeit – dafür aber mit Mindestsicherung und Sozialwohnung – samt ihren Familien in unserem Land verbleiben. Die sozial-, gesellschafts- und sicherheitspolitische Zeche dafür zahlen die Österreicher. (Presseaussendung, 26. Februar 2016)

»Für Asylwerber werden sogar Häuser gebaut, die Regierung lässt sich allein heuer die sogenannten Flüchtlinge mindestens zwei Milliarden Euro kosten, während hunderte Notschlafstellen für obdachlose Menschen geschlossen werden? Das ist ein Skandal, mit der Humanität gegenüber der eigenen Bevölkerung ist es offenbar nicht weit her. Wir brauchen ein österreichweites Soforthilfsprogramm für unsere Obdachlosen.« (Presseaussendung, 3. Mai 2016)

»Wir haben alle noch die Bilder vor Augen, als etwa in Spielfeld Grundwehrdiener Müllberge wegräumen mussten, die dort von den sogenannten Flüchtlingen hinterlassen wurden. Das war unzumutbar für die Rekruten und ein völlig falsches Signal an die Migranten. Damit hat man ihnen vom ersten Tag an eine völlig falsche All-inclusive-Mentalität und damit ein völlig falsches Anspruchsdenken vermittelt – Gratis-Transport, Gratis-Verköstigung, Gratis-Unterkunft, Gratis-Verfahrenskosten, Gratis-Gesundheitsversorgung, Gratis-Dolmetsch, Gratis-Ausbildung bis hin zu den Sozialleistungen. Das alles finanzieren die Österreicher. Dass Asylanten gemeinnützige Arbeit leisten, müsste daher eine Selbstverständlichkeit sein – und zwar ohne Bezahlung«, so Kickl. (Presseaussendung, 28. Oktober 2016)

Generell will Kickl künftig den NGOs wie Diakonie oder Caritas die Asylberatung wegnehmen: »NGOs haben Geschäftsinteressen.

Die haben wir nicht. Wir sind der Meinung: Je schneller ein Verfahren, desto besser für alle Beteiligten. Ich will deshalb in einem ersten Schritt die gesamte Rechts- und Rückkehrberatung in die Hände des Bundes legen. Statt NGOs machen das künftig Mitarbeiter der Betreuungsagentur. Ich bin zwar nur für die erste Instanz zuständig, erwarte aber von der Justiz, die für das Berufungsverfahren zuständig ist, dass sie mitzieht.« Rechtliche Bedenken hat Kickl keine: »Es ist alles EU-rechtskonform. Es geht doch ums Geld. Wenn jemand sich selbst einen Anwalt zahlt, okay. Aber ich werde doch nicht all jene finanziell unterstützen, die dafür sorgen, dass uns mit Hilfe aller juristischer Tricks auf der Nase herumgetanzt und das Verfahren in die Länge gezogen wird.« (Tageszeitung Österreich, 1. Dezember 2018)

In Zusammenhang mit dem Verbot von Hieb- und Stichwaffen für AsylwerberInnen und Drittstaatsangehörige verwies Kickl auf Fälle von Angriffen in den letzten Wochen. Es handle sich demnach um keine Ad-hoc-Aktion oder populistische Reaktion. Er könne mit dem Vorwurf der Diskriminierung gut leben, solange es mit dieser Maßnahme gelinge, die Sicherheit der österreichischen Bevölkerung wieder um ein Stück zu erhöhen. (Presseaussendung der Parlamentsdirektion, 11. Dezember 2018)

»Ich darf Sie darüber informieren, dass mit Wirkung von 1.3. dieses Jahres es in Österreich keine Erstaufnahmezentren mehr geben wird, sondern das, was es dann gibt, sind Ausreisezentren.« (Pressekonferenz, 25. Februar 2019)

Ab dem 1. März 2019 werde es in Österreich keine Erstaufnahmezentren mehr geben, sondern nur mehr Ausreisezentren. »Das ist ein neues Konzept der Unterbringung und ein neues Konzept der Verfahrensführung«, sagte Kickl. Dort werde u. a. die Identität der Personen geprüft, die ins Asylverfahren eintreten werden. Außerdem werde die Reiseroute überprüft und eine Gefährdungsprognose erstellt – in

Zusammenarbeit mit der Polizei und, wenn notwendig, mit dem LVT bzw. BVT. »In diesen Ausreisezentren wird entschieden, ob ein Dublin-Verfahren oder ein ›Fast-Track-Verfahren‹ angewandt wird, und es wird eine intensive Rückkehrberatung stattfinden«, sagte Kickl. Solche Ausreisezentren könnten nicht nur in Traiskirchen oder Thalham sein, sondern alle Bundesbetreuungseinrichtungen könnten grundsätzlich zu Ausreisezentren ausgebaut werden. Bestimmte Personen, wie jene aus sicheren Herkunftsstaaten, mit offensichtlich unbegründeten Anträgen bzw. mit einer sehr geringen Wahrscheinlichkeit, Asyl zu bekommen, werden nun bis zum Abschluss ihres Verfahrens in Ausreisezentren untergebracht und nicht mehr in Länderquartiere verlegt. Den Asylwerbern werde außerdem in den Ausreisezentren eine freiwillige »Anwesenheitserklärung« zur Einhaltung der Nachtruhe (22 bis 6 Uhr) und der Anwesenheit in der zugewiesenen Betreuungseinrichtung vorgelegt. »Wer diese freiwillige Verpflichtung für diese Einrichtung nicht akzeptiert, wird an Orte abseits der Ballungszentren verlegt werden«, sagte Kickl. (Presseaussendung, 25. Februar 2019)

»Eine Ablehnung des UN-Migrationspakts käme nicht in Frage, die FPÖ hat sich durchgesetzt. Lehrlinge mit einem negativen, rechtskräftigen Asylbescheid dürfen nicht abgeschoben werden – die FPÖ hat sich durchgesetzt. Die Einrichtung von Ausreisezentren war für die ÖVP unerwünscht, die FPÖ ist konsequent geblieben. Und gerade zuletzt sollte die aus freiheitlicher Sicht mehr als gerechte Reduktion des Anerkennungshonorars für Asylwerber von 1,50 Euro die Stunde eingeführt werden, das ist hart mit der ÖVP ausverhandelt worden. Jetzt sollte es auf Wunsch derselben ÖVP nicht mehr umgesetzt werden. Die FPÖ war zu diesem Schritt zurück nicht bereit.« (Pressekonferenz, 20. Mai 2019)

»... es hat noch nie so viele Abschiebungen gegeben wie bei mir als Innenminister.« (ORF-Wahlduell, 4. September 2019)

»Nicht bestellt – Lieferung zurück« (Kickl über die Flüchtlinge des Jahres 2015, Profil, 15. September 2019)

»Wer in der Nase bohren konnte, war schon HNO-Spezialist. Wer seine Zehennägel schnitt, galt als Orthopäde.« (Kickl über die Flüchtlinge des Jahres 2015, Profil, 15. September 2019)

»Nicht nur der Schlepper soll strafrechtlich verfolgt werden, sondern auch der Geschleppte, der den Schlepper schließlich zu seiner kriminellen Tätigkeit angestiftet und ihn dafür bezahlt hat. Wer sich auf diese Weise illegal Zutritt zu einem EU-Land verschafft, darf keine Chance auf einen Asyltitel mehr haben. Für Asyl wäre nämlich das erste sichere Land zuständig, das diese Menschen auf ihrer Reise betreten.« (Presseaussendung, 23. September 2019)

»Diejenigen, die aus dem Meer gefischt werden, und diejenigen, die jetzt wieder mit Schlepperbooten in Italien oder sonstwo anlanden, sind umgehend dorthin zurückzuschicken, wo sie das erste Mal ein Boot bestiegen haben.« (Rede im Parlament, 25. September 2019)

»Wir haben da noch viel zu tun, was die Aberkennung betrifft, dass Kriminelle einfach den Asylstatus verlieren, nicht erst wenn's Mörder und Vergewaltiger sind, sondern wenn's stehlen gehen, wenn's raufen, wenn's Körperverletzungen begehen. Dann haben die bei uns keinen Schutz mehr zu haben.« (FPÖ-Wahlkampfabschlussveranstaltung, 27. September 2019)

»Während die Österreicher de facto zu Hause eingesperrt werden, dürfen Illegale offenbar problemlos nach Österreich einreisen und Asylanträge stellen.« (Telegram, 17. April 2021)

»Die ÖVP hat unseren Vorschlag, im Parlament – stellvertretend für alle Gewaltopfer von Asylanten und Asylwerbern –, eine Schweigeminute für die von Afghanen ermordete Leonie abzuhalten, abgelehnt. Auch die anderen Parteien haben diese Geste der Trauer und des Respekts verweigert. Das ist beschämend. Vor allem, wenn man weiß, wofür im Parlament bereits eine Gedenkminute abgehalten wurde ...« (Telegram, 8. Juli 2021)

»Ich glaube nicht, dass Österreich jetzt einen effektiven Beitrag leisten kann, das Leid der Frauen in Afghanistan zu lindern. Wissen Sie, eine Frau kann ich mir vorstellen, die fällt mir ein, wo ich glaube, die hätte jetzt den Anspruch auf unseren Schutz, das wäre die afghanische Botschafterin. Da kann ich mir vorstellen, dass die Dame, wenn sie jetzt mit den Taliban sozusagen oder wenn sie jetzt den Taliban ausgesetzt würde, ein ordentliches Problem bekommt. Und das wäre dann auch der klassische Fall für Asyl: Das ist eine einzelne Person, die individuell verfolgt ist, die individuell gefährdet ist. Das, was wir dort teilweise erleben, das hat mit dem Begriff Asyl, mit dem Begriff Flüchtling nach der Genfer Flüchtlingskonvention gar nichts zu tun. Das sind Vertriebene und Vertriebene, so sieht es die Genfer Flüchtlingskonvention vor, verdienen Schutz, aber in Lagern zum Beispiel in der Nähe der Krisenregion. Da kann man einen Beitrag dazu leisten, aber ehrlich gesagt, die Debatte geht schon in eine falsche Richtung. Die Amerikaner toben sich dort aus, die Deutschen sind mit dabei, die Franzosen sind mittendrin und Österreich soll dann die Frauen retten.« (ORF-Sommergespräch, 23. August 2021)

»Vom sonstigen Versagen der schwarz-grünen Regierung medial völlig zugeschüttet, ist auch die Asylkrise komplett aus dem Ruder gelaufen. Österreich wird heuer mehr illegale Einwanderer erdulden müssen als im Katastrophenjahr 2015, wenn sich der Totalversager

Karner im Innenministerium nicht endlich am Riemen reißt. Für mich ist die Sache klar: Wir können keinen einzigen Asylantrag mehr annehmen und müssen endlich unsere Grenzen konsequent schützen, weil die EU fortwährend versagt.« (Telegram, 20. September 2022)

»Es braucht ein Maßnahmenpaket, das verhindert, dass Österreich von einer Völkerwanderungswelle, und etwas anderes ist es ja nicht, überrollt wird. Dafür braucht es Pushbacks direkt an der Grenze, damit diese Menschen österreichischen Boden erst gar nicht betreten. Es braucht die Wiedererrichtung von Ausreisezentren, wo diejenigen, die es doch irgendwie ins Land geschafft haben, untergebracht werden, keinen Asylantrag stellen können und das Land jederzeit verlassen, allerdings keinen Schritt auf österreichischen Boden setzen. Wir brauchen eine Deattraktivierung Österreichs als Asylstandort, das heißt, keine Sozialleistungen, keine Geldleistungen für illegale Migranten. Und all das bedeutet, in einen Konflikt mit der Europäischen Union zu gehen.« (FPÖ TV, 9. November 2022)

»Es muss möglich sein, jemanden schon beim kleinsten Strafrechtsverstoß sofort aus dem Asylverfahren herauszukippen. (...) Hier frühzeitig eingreifen heißt, Leben zu retten, heißt, die Österreicher zu schützen. Zweitens darf kein Asylantrag aus Syrien und Afghanistan mehr angenommen werden. Da liegen tausende Kilometer und zig andere Länder dazwischen. Es ist nicht notwendig, dass wir in Österreich uns darum kümmern. Und zum Dritten wäre es längst an der Zeit, auch hier Abschiebungen vorzunehmen nach Syrien und Afghanistan. Es gibt dort genügend Flecken, wo die Leute unbehelligt und in Sicherheit leben können. Natürlich nicht mit den Annehmlichkeiten, die das österreichische Sozialsystem bietet. Aber das ist ja auch nicht für diese Leute gemacht worden.« (FPÖ TV, 9. November 2022)

Konkret sollten alle Bundesministerien dazu verpflichtet werden, alle im Bereich Migration und Asyl anfallenden Ausgaben transparent auszuweisen und dem Finanzminister zu melden. Der müsste dann einen monatlichen Transparenzbericht auf Kosten der illegalen Einwanderung veröffentlichen. »Derzeit ist es so, dass etwa im Budget 2023 für das Fremdenwesen 1,1 Milliarden € an Kosten ausgewiesen werden. Das ist aber nur der Verwaltungsaufwand und damit nicht einmal die halbe Wahrheit«, kritisierte Kickl. Die Belastungen für den Gesundheitsbereich, das Sozialsystem, den Bildungsbereich, die Justiz oder die Kosten für die Schulungsmaßnahmen und Förderungen machen aber ein Vielfaches davon aus, erklärte Kickl. »Diese Ausgaben werden allerdings nicht herausgerechnet und gesammelt dargestellt. Mit dieser Verschleierungstaktik muss Schluss sein.« (Neue Freie Zeitung, 1. Dezember 2022)

»Beim Thema Asyl gibt es nur eine Adresse und das ist die Freiheitliche Partei. Vor 30 Jahren war es Jörg Haider mit dem Österreichzuerst-Volksbegehren. Hätten andere Politiker auf ihn gehört, hätten wir uns im Asylbereich vieles erspart.« (Neue Freie Zeitung, 19. Jänner 2023)

»Liebe Landsleute, seit Monaten warnt die FPÖ vor einem neuerlichen Anstieg der Asylzahlen und den Folgen dieser neuen Völkerwanderung. Was es jetzt braucht, ist eine Festung Österreich. Dafür ist es notwendig, die Interessen des eigenen Landes über jene Brüssels zu stellen. Im Gegensatz zu Nehammer und Co. haben wir Freiheitliche den Willen und den Mut, der illegalen Masseneinwanderung endgültig einen Riegel vorzuschieben und straffällige Asylwerber unverzüglich abzuschieben.« (Neue Freie Zeitung, 22. Juni 2023)

»Die jüngste Welle der Gewalt mit Mord, Messerstechereien und Raubüberfällen zeigt, dass das Experiment Integration gescheitert ist. Das Asylrecht muss entstaubt und überarbeitet werden, sowohl national wie auch auf EU-Ebene. Insbesondere muss es möglich sein, Personen, die in Österreich Asyl in Anspruch nehmen und straffällig werden, unverzüglich und ohne Wenn und Aber in ihre Heimat abzuschieben.« (Neue Freie Zeitung, 22. Juni 2023)

»Die FPÖ ist die einzige Partei, die sich seit Jahren gegen Massenzuwanderung und Asylbetrug einsetzt. Alle anderen Parteien klammern sich noch immer an die Willkommenspolitik oder betreiben reine Asyl-PR. Unsere Position ist klar: keine Annahme weiterer Asylanträge, sofortige Ausweisung straffälliger Migranten und Abschiebung von Personen, bei denen der Asylgrund weggefallen ist. Nach Neuwahlen werden wir Österreich für Euch sicherer machen!« (Telegram, 28. Mai 2023)

»Ein freiheitlicher Volkskanzler hätte sich längst gegen die ›neue Völkerwanderung‹ gestemmt und dafür gesorgt, dass Österreich – so wie Ungarn – die Asylzahlen in Richtung null drückt.« (Telegram, 12. Juli 2023)

»Keinen neuen Asylantrag, nur mehr Sachleistungen auf bescheidenem Niveau, für die, die jetzt da sind. Ausreisezentren für diejenigen, die es doch geschafft haben. Ich hätte schon jetzt einen schönen Namen für das Ausreisezentrum: Andreas-Mölzer-Ausreisezentrum.« (FPÖ-Oktoberfest, 1. Oktober 2023)

»Wir haben tickende Zeitbomben in unserem Land, vielfach ins Land gekommen unter dem Deckmantel von Asyl.« (Rede im Parlament, 25. Oktober 2023)

»›🗡 Grenzen zu – Flieger hoch‹ – mit diesem Transparent überraschte mich die Freiheitliche Jugend Oberösterreich beim Heimatherbst in Micheldorf. Gefällt mir! 😉 Wenn wir in Regierungsverantwortung sind, werden wir für die ›Festung Österreich‹ sorgen und alles

Erdenkliche unternehmen, damit illegale Migranten nicht nach Österreich kommen und jene, die sich im Land befinden, konsequent abgeschoben werden.« (Telegram, 27. Oktober 2023)

»Asyl-Irrsinn kostet uns in 10 Jahren 21 Milliarden Euro. 42.000 Einfamilienhäuser um je 500.000 Euro könnte man den Österreichern dafür bauen. Es braucht in der Asyl- und Migrationspolitik eine völlige Schubumkehr.« (Telegram, 18. Jänner 2024)

»Die österreichische Bevölkerung wird von einer ›Völkerwanderungslawine‹ überrollt. Und die Regierenden spielen das unter dem Deckmantel Toleranz herunter. Es braucht eine komplette Neuaufstellung und Ordnung in Österreich. Dafür wird eine starke FPÖ sorgen!« (Facebook, 8. März 2024)

»Da kann man von den Ungarn einiges lernen. Wenn jemand illegal das Land betritt, dann hat er eigentlich auch nicht einmal den Anspruch auf eine solide Sachleistung oder auf eine Versorgung auf dieser Ebene, sondern auf gar nichts.« (Krone TV, 8. März 2024)

HERBERT KICKL
ÜBER AUSLÄNDER

Bezeichnend sei es zudem, dass beinahe die Hälfte der Häftlinge Ausländer seien. »Kickl wies eindringlich darauf hin, dass diese Regierung alles getan habe, um die Zuwanderung nach Österreich zu verdoppeln. Über 50.000 Ausländer würden jährlich nach Österreich zuwandern. Der Ausländeranteil wäre außerdem noch viel höher, würde die Staatsbürgerschaft nicht inflationär verliehen. Die Regierung habe einen großen Anteil daran geleistet, dass sich immer mehr Menschen wie Fremde in der eigenen Heimat fühlen würden.« (Presseaussendung, 19. April 2006)

»Das zeigt wieder einmal deutlich den Wahrheitsgehalt der ganzen Multikulti-Märchen, wonach die Ausländerkriminalität nicht höher sei als die Inländerkriminalität. Die Multikulti-Romantik scheitert einmal mehr an der Realität.« Kickl forderte in diesem Zusammenhang die rigorose Abschiebung krimineller Ausländer. Diese würden durch die Kosten für Übersetzungen schon bei den Gerichtsverfahren den Steuerzahler über Gebühr belasten, ganz zu schweigen von den Haftkosten. (Presseaussendung, 22. März 2006)

»Wir sind in keiner wie auch immer gearteten Weise ausländerfeindlich. Aber offenbar plant dieser selbstinthronisierte Gutmensch vom Dienst *(gemeint ist der damalige Grünen-Parteichef Alexander Van der Bellen, Anm.)*, den Wahlkampf mittels Vernaderung, Diffamierung und Inländerfeindlichkeit zu führen.« (Presseaussendung, 7. Juni 2006)

Laut *News* will die Regierung Österreicher mit Migrationshintergrund verstärkt im öffentlichen Dienst einstellen, in den Gefängnissen die »seelsorgerische Betreuung muslimischer Insassen« ausbauen und ein spezifisches Gründerprogramm für Ausländer schaffen, damit sich Ausländer leichter selbständig machen können. Entwickelt haben diese Pläne unter anderem Justizministerin Gastinger und der Kärntner Landeshauptmann Jörg Haider. Für Kickl erhält dadurch das Kürzel »BZÖ« eine weitere Bedeutung: »Bevorzugung für Zuwanderer in Österreich«. Offenbar reiche es dieser Regierung nicht, dass sie durch die Massenzuwanderung den österreichischen Arbeitsmarkt und das österreichische Sozialsystem an den Rand des Kollapses geführt habe, jetzt mache sie den nächsten Schritt und wolle angestammte Österreicher ausgrenzen. Das Nächste sei dann wohl die Abschaffung der Sozialleistungen für Staatsbürger. (Presseaussendung, 7. September 2006)

Für Ausländer müsse es künftig ein eigenes Sozialversicherungssystem geben, sodass in diesem Bereich endlich Kostenwahrheit herrsche. »Erst wenn unser Sozialsystem wieder die Staatsbürger in den Vordergrund stellt, werden wir eine erstklassige Pflege und ein funktionierendes Gesundheitswesen für die österreichische Bevölkerung ohne Probleme sicherstellen können«, schloss der FPÖ-Generalsekretär. (Presseaussendung, 22. Juni 2007)

Der Massenandrang von Zuwanderern und Scheinasylanten habe Wien zu einem Paradies für Verbrecher gemacht, die SPÖ dagegen beschimpfe besorgte Bürgerinnen und Bürger immer wieder als fremdenfeindlich. Dabei seien 60 Prozent der Wiener Gefängnisse bereits mit Ausländern besetzt. »Daher erübrigt sich jede Diskussion darüber, wie es zu dieser Eskalation von Verbrechen in Wien kommt«, kommentierte Kickl diese Zahlen. (Presseaussendung, 16. November 2007)

»Was hier passiert, ist eine ausgewachsene Schande, besonders für eine wohlhabende Stadt wie Wien«, betont der FPÖ-Sozialsprecher. Die SPÖ verteile das Steuergeld der Österreicher großzügig an Zuwanderer und Asylanten. Die mit Teuerungen in nahezu allen Bereichen des täglichen Lebens konfrontierten Österreicher müssten als Sparschwein für das längst gescheiterte, multikulturelle Experiment herhalten und selbst außerhalb des Verteilungssystems stehen, oftmals sogar hungern und frieren. »Vermutlich will uns die SPÖ diesen handfesten Skandal letztlich noch als Schritt zur Integration verkaufen. Indem nämlich die Österreicher als Bittsteller zu ihren ausländischen Nachbarn pilgern müssen, um sich aufzuwärmen.« Abschließend hält Kickl fest: »Die SPÖ erweist sich nachdrücklich als Partei der sozialen Eiseskälte. Ein Umdenken wird es, so es nach der SPÖ geht, vermutlich erst geben, wenn alleinstehende, betagte Damen, die dieses Land aufzubauen geholfen haben, in ihren ungeheizten Wohnungen erfroren sind.« (Presseaussendung, 26. November 2007)

»Wir werden uns von inländerfeindlicher Meinungsdiktatur nicht den Mund verbieten lassen.« (Presseaussendung, 10. Jänner 2008)

»Während der österreichische Sozialstaat an allen Ecken und Enden kracht, wird dringend benötigtes Geld einfach an Familien im Ausland überwiesen.« (Presseaussendung, 21. Februar 2008)

Ein Gebot der Stunde sei vor allem die Umverteilung der Sozialleistungen von den Nichtstaatsbürgern hin zu den österreichischen Staatsbürgern. Der österreichische Sozialstaat werde zunehmend unfinanzierbar, wenn Staatsbürger und Ausländer das Recht auf gleiche Leistungen hätten, dies sei angesichts der Massenzuwanderung eine Milchmädchenrechnung. Daher brauche man in diesem Bereich endlich Kostenwahrheit. Dazu gehöre dann in weiterer Folge auch die Schaffung einer eigenen Sozialversicherung für Ausländer.

»Wohin man schaut – sei es Arbeitslosengeld, Notstandshilfe oder Familienleistungen wie Familienbeihilfe und Kinderbetreuungs- geld –, sind Ausländer überdurchschnittlich repräsentiert«, betonte der freiheitliche Sozialsprecher. (Presseaussendung, 27. August 2009)

»Wenn sogar im Frühsommer – bei Bau- und Tourismuswetter – die Arbeitslosenzahlen explodieren, zeigt das die tiefen strukturel- len Probleme des österreichischen Arbeitsmarkts, verursacht durch den ungezügelten Zuzug von ausländischen Arbeitskräften. Einziges Rezept dagegen ist die sektorale Komplettschließung des Arbeits- marktes im Baugewerbe, um dort der Arbeitslosigkeit noch Herr zu werden. Tut man dies nicht, dann werden wir Ende 2014 bereits die 500.000er-Grenze bei der Arbeitslosigkeit durchschlagen«, so Kickl. (Presseaussendung, 1. Juli 2014)

»Jedes Mal, wenn der SPÖ das Wasser bis zum Hals steht und sie in der Wählergunst abstürzt, kommen die Genossen auf die Idee, das Wählervolk austauschen zu wollen«, kritisierte der freiheitliche Generalsekretär NAbg. Herbert Kickl die Pläne der Rathausgenos- sen, Ausländer in Wien wählen lassen zu wollen. »Wer Politik gegen die eigene Bevölkerung macht, darf sich nicht wundern, wenn er von dieser nicht mehr gewählt wird«, so Kickl. (Presseaussendung, 20. Juli 2015)

»Das österreichische Sozialsystem wurde entwickelt, um in Not geratenen österreichischen Staatsbürgern wieder auf die Beine zu helfen. Es wurde nicht dafür entwickelt, Zuwanderern aller Herren Länder eine soziale Hängematte zu bieten«, sagte der freiheitliche Generalsekretär Herbert Kickl. »Genau an dieser Problematik schei- tert derzeit die Finanzierung von Sozialleistungen«, so Kickl. So seien beim Arbeitslosengeld, bei der Mindestsicherung oder bei den Familienleistungen, wie Familienbeihilfe und Kinderbetreuungsgeld, Nichtstaatsbürger überdurchschnittlich repräsentiert, führte Kickl aus. Dies belaste das Sozialsystem, in das die Österreicher horrende Summen einzahlen müssten, enorm. Jetzt darüber nachzudenken, die Leistungen für Österreicher zu kürzen, sei der denkbar falscheste Weg, so Kickl, der in diesem Bereich endlich Kostenwahrheit forderte. Ein Ansatz, den die FPÖ bereits seit Langem fordere, sei das sogenannte Herkunftslandprinzip bei Sozialleistungen, wonach Ausländer in Österreich nur jene Sozialleistungen erhielten, die sie in ihrem Heimatland auch bekämen, so Kickl. (Presseaussendung, 22. Juli 2015)

»Der wichtigste Reformschritt im Sozialsystem muss die Unterscheidung von Staatsbürgern und Ausländern sein, was die Anspruchsberechtigung betrifft. Österreicher dürfen nicht bestraft werden, weil die von SPÖ und ÖVP geförderte Völkerwanderung die heimischen Sozialtöpfe leert.« (Presseaussendung, 27. Mai 2017)

Auf Initiative von Innenminister Herbert Kickl hat der Innenausschuss des Nationalrats beschlossen, dass Ausländer, die ein Aufenthaltsverbot in Österreich haben, sofort in Haft genommen werden können. Ihnen droht bis zu sechs Wochen Haft. Kickl zu Österreich: »Wer glaubt, er kann ein Aufenthaltsverbot einfach ignorieren, wird mit entsprechend härteren Konsequenzen rechnen müssen.« (Tageszeitung Österreich, 25. Juni 2018)

»Hinkünftig darf ich darum ersuchen, die Staatsbürgerschaft einer mutmaßlichen Täterin bzw. eines mutmaßlichen Täters in euren Aussendungen zu benennen. Zudem gegebenenfalls bei einer/einem Fremden deren/dessen Aufenthaltsstatus, bzw. ob es sich um eine Asylwerberin bzw. einen Asylwerber handelt. Dieses Vorgehen wird in der Regel aus einer datenschutzrechtlichen Betrachtung heraus möglich sein. Einige von euch machen dies bereits, die anderen darf ich nun dazu einladen (zumal diese Infos meist ohnehin telefonisch erteilt werden). Ebenfalls ersuche ich diese Sprachregelung auch in Interviews umzusetzen.« (Rundmail an die

Pressestellen der Landespolizeidirektionen unter Innenminister Kickl vom September 2018, zitiert nach: Der Standard, 28. September 2018)

»Wissen Sie, was wir gemacht haben? Wir haben vor allem die Inländerdiskriminierung, die Sie mit der ÖVP betrieben haben, die haben wir abgestellt.« (Kickl zur damaligen SPÖ-Chefin Pamela Rendi-Wagner, ORF-Wahlduell, 4. September 2019)

»Da bin ich dann schon beim nächsten Vokabel, wo man angeblich so vorsichtig sein soll: Was ist denn das anderes als ein Bevölkerungsaustausch, was ist denn das, wenn man seine eigene Heimat nicht mehr wiedererkennen kann!« (Profil, 15. September 2019)

»Und ich habe auch schon viele Leute hier gesehen und die haben mich angeredet, die aus dem Ausland zu uns gekommen sind, die fleißig und tüchtig sind. Die einer Arbeit nachgehen, die auf ihre Familien schauen, die Wurzeln geschlagen haben und die wertvolle Teile unserer Gesellschaft geworden sind. Die habe ich auch gesehen. Und es freut mich, dass die in der Zwischenzeit bei der Freiheitlichen Partei sind. Weil sie so wie wir erkannt haben, dass wir keine Islamisierung brauchen und dass wir keine Leute brauchen, die ned nur die Straßen und Plätze dieses Landes unsicher machen, sondern auch unser Sozialsystem.« (FPÖ-Heimatherbst-Veranstaltung, 4. November 2023)

»Schlägereien, Vergewaltigungen, Überfälle, Drogenhandel und Mord – Wien kommt nicht zur Ruhe. Frauen trauen sich zu später Stunde nicht mehr auf die Straße, ›No-go-Areas‹ sind entstanden. Die schwarz-grüne Bundesregierung samt einer rot-pinken Stadtregierung unter SPÖ-Bürgermeister Ludwig haben längst kapituliert. Dennoch geht die Massenzuwanderung aus kulturfremden Regionen munter weiter. Gerade Wien-Favoriten ist zu einem Eldorado für ausländische Banden und nicht integrierbare Zuwanderer geworden.« (Telegram, 12. März 2024)

HERBERT KICKLS
BESCHIMPFUNGEN

»Ich würde sagen, dass wahrscheinlich das Affenhaus die bessere Veranstaltung oder der bessere Veranstaltungsort gewesen wäre für diese grüne Veranstaltung als das Palmenhaus.« (Kickl über den Wahlkampfauftakt der Grünen im Palmenhaus, Ö1-Mittagsjournal, 18. August 2013)

»Wer sich dort mit den Rathaus-Roten ins Bett legt, ja, ich möchte fast einmal sagen, ja, der begeht einen Paarungsakt, einen politischen, mit der Korruption und mit dem Nepotismus.« (Kickl über die damalige rot-grüne Koalition in Wien, Ö1-Mittagsjournal, 18. August 2013)

»In selbstgerechter Lehrer-Lämpel-Manier, wie aus Wilhelm Buschs *Max und Moritz* bestens bekannt, versucht Bundespräsident Fischer, wieder einmal mit erhobenem Zeigefinger auf sich aufmerksam zu machen.« (Kickl über den damaligen Bundespräsident Heinz Fischer, Presseaussendung, 18. Jänner 2016)

»Van der Bellen hat sich heute wieder einmal als ›Agent Brüssels‹ mit antidemokratischer Schlagseite präsentiert und sich damit wieder einmal eindrucksvoll für das Amt des österreichischen Bundespräsidenten disqualifiziert.« (Kickl über Bundespräsident Alexander Van der Bellen, Presseaussendung, 10. April 2016)

»Eine Ikone der Blödheit« (Kickl über die deutsche Seerettungs-Aktivistin Carola Rackete, Fellner live, 10.Juli 2019)

»G'scheiter wäre, wenn er Brandstotter heißen würde.« (Kickl über den Neos-Politiker Helmut Brandstätter, FPÖ-Wahlkampfabschlussveranstaltung, 27. September 2019)

»Liebe Freunde, sie wollen uns zermürben, sie wollen uns zerstören. Und unsere Antwort kann nur sein, dass wir uns mobilisieren, dass wir kampfeslustig sind bis zum letzten Tag und dass wir ihnen einen Schlag aufs Hosentürl versetzen am kommenden Sonntag *(dem Tag der Nationalratswahl, Anm.)*.« (Kickl über die politischen Mitbewerber, FPÖ-Wahlkampfabschlussveranstaltung, 27. September 2019)

»Söldnertruppe des Austro-Oligarchen Hans-Peter Haselsteiner, die überhaupt kein Programm hat, als die Freiheitlichen zu hassen« (Kickl über die Neos, FPÖ-Wahlkampfabschlussveranstaltung, 27. September 2019)

»Ich hätt es mir einfacher auch machen können und mich so wie meine Vorgänger ins Dienstauto setzen und mich von Buffet zu Buffet führen lassen und ein paar Bandln durchschneiden.« (Kickl über seine Vorgänger als Innenminister, FPÖ-Wahlkampfabschlussveranstaltung, 27. September 2019)

»In der Hofburg schlaft einer den Schlaf des Ungerechten.« (Kickl über Bundespräsident Alexander Van der Bellen, Rede bei der Anti-Corona-Demo, 6. März 2021)

»Die wahren Gefährder der Demokratie und die wahren Gefährder der Freiheit, die sitzen nicht nur in Österreich, aber auch hier, in den Ministerien dieses Landes.« (Kickl über die österreichische Bundesregierung, Rede auf Corona-Demo im Wiener Prater, 6. März 2021)

»Der Faschismus, von dem die Frau Abgeordnete Berlakowitsch *(gemeint ist die FPÖ-Politikerin Dagmar Berlakowitsch, Anm.)* gesprochen hat und der sich durch Freiheitsberaubung, Rechtsstaatsgefährdung, Grundrechtsverletzung, Gesellschaftsspaltung und Diskriminierung in Form des grünen Passes definiert, ist eine

Mutation aus dem Jahr 2000. Das ist Faschismus, dessen erster Buchstabe ein Vogel-V ist: Vaschismus mit V wie Volkspartei.« (Kickl über einen angeblichen Corona-Faschismus der ÖVP, Rede im Parlament, 26. März 2021)

»Der Bundespräsident inszenierte sich nach Ibiza wie ein Pfau als großer Retter von Demokratie und Rechtsstaat.« (Profil, 30. Mai 2021)

»Die Katze ist aus dem Sack. Auf die Beschimpfungen, auf den indirekten Zwang durch andauernde Tests und das Aussperren aus dem gesellschaftlichen Leben folgt jetzt das ganz offene Eingeständnis: Die Regierung will die Menschen zwingen und unterdrücken. Das war von Anfang an der Plan. Das ist ein Vorgang, der einzigartig ist in der Geschichte der Zweiten Republik.« (Kickl, Demonstrations-Aufruf, Telegram, 11. Dezember 2021)

»Die größte Plage der Nation« (Kickl über Bundeskanzler Karl Nehammer, Aschermittwochrede, 22. Februar 2023)

»Die Klima-Gouvernante. Das ist Klimakommunismus, was diese Dame macht.« (Kickl über Umweltministerin Leonore Gewessler, Aschermittwochrede, 22. Februar 2023)

»Dass er ein bisserl senil ist, haben wir schon vorher gewusst.« (Kickl über Bundespräsident Alexander Van der Bellen, Aschermittwochrede, 22. Februar 2023)

»Der Herr Innenminister, die graue Maus im Innenministerium, statt dass er an der Grenze Mode macht, setzt er sich in Zeitungsinterviews und beschimpft mich. Und da sagt er, ich bin ein aufgeblasener Gockel. Herr Karner, ja eh. Aber Sie wissen schon, dass ein Gockel ein Hahn ist, der seine Eier noch hat, und das ist der Unterschied zwischen uns beiden.« (Kickl über Innenminister Gerhard Karner, Aschermittwochrede, 22. Februar 2023)

»Aber selber fliegt sie mit dem Privatjet umanander. Ich versteh das überhaupt gar ned. Wenn's fliegen will, soll's ihren Besen nehmen. Das ist wenigstens umweltfreundlich.« (Kickl über Umweltministerin Leonore Gewessler, Aschermittwochrede, 22. Februar 2023)

»Sie ist die Domina und er hat seinen Lustgewinn in der Unterwerfung.« (Kickl über die grüne Klubobfrau Sigrid Maurer und den ÖVP-Klubobmann August Wöginger, Aschermittwochrede, 22. Februar 2023)

»Der zweiarmige Bandit der Novomatic. Wie er da oben hockt, aber eigentlich schlaft er die ganze Zeit auf seinem Parlamentsausguck.« (Kickl über Nationalratspräsident Wolfgang Sobotka, Aschermittwochrede, 22. Februar 2023)

»Ansonsten nirgendwo vermittelbare Satiriker und Kabarettisten, falls ihr wissts, wen ich meine: Stermann und Grissemann, das ist die ORF-Variante von Alkohol und Psychopharmaka.« (Kickl über die ORF-Moderatoren und Kabarettisten Dirk Stermann und Christoph Grissemann, Aschermittwochrede, 22. Februar 2023)

»Wo war denn der Bundespräsident, als während Corona Ungeimpfte ausgegrenzt, beschimpft und schikaniert wurden? Er war selbst mitten unter den ›Spaltern und Ausgrenzern‹ und hielt sich für etwas Besseres, nur weil er zur Kategorie der Geimpften gehörte. Ein heuchlerisches Verhalten, das hier nun an den Tag gelegt wird …« (Kickl über Bundespräsident Alexander Van der Bellen, Telegram, 25. Juli 2023)

»Der weiß ja nicht einmal mehr selber, ob er noch Mitglied bei den Freimaurern ist oder nicht. Und der weiß als ehemaliger Parteichef der Grünen auch nicht mehr, ob er für die Atomkraft oder dagegen war.« (Kickl über Bundespräsident Alexander Van der Bellen, Auf1-Interview, 18. September 2023)

»Und es ist schon so, dass er unglaublich eitel ist. Ich sags, wies ist, dass er unglaublich stolz darauf ist, dass er Bundeskanzler dieser Republik sein darf. Ich glaub, dass dieser Stolz vieles andere verdeckt. Da rennt er herum wie a Pfau und gefällt sich in der Rolle, dass man denen Leuten die Welt erklären kann, und ist zutiefst beleidigt, wenn irgendjemand eine andere Meinung hat. Das ist der Karl Nehammer und seine Kaltherzigkeit und seine Menschenverachtung, die haben wir ja schon bei Corona kennenlernen dürfen.« (Kickl über Bundeskanzler Karl Nehammer, FPÖ-Oktoberfest, 1. Oktober 2023)

»Diese Koalition aus Alkohol und Psychopharmaka, man kann auch sagen aus Nehammer und Kogler« (Kickl über die türkis-grüne Bundesregierung, FPÖ-Oktoberfest, 1. Oktober 2023)

»Also wenn das die Glanzleistung des Bundeskanzlers ist, dass man ein Glasl Wasser, wo ma an Bierschaum oben rauf getan hat, ex austrinkt, ja dann kann jedes Kamel a Bundeskanzler sein.« (Kickl über Bundeskanzler Karl Nehammer, FPÖ-Oktoberfest, 1. Oktober 2023)

»So viel künstliche Intelligenz gibt es auf dera Welt gar net, dass man das kompensieren kann, was dort alles fehlt.« (Kickl über die ÖVP, FPÖ-Oktoberfest, 1. Oktober 2023)

»Dieser Babler ist ein faules, ungenießbares marxistisches Früchtchen.« (Kickl über SPÖ-Parteivorsitzenden Andreas Babler, FPÖ-Heimatherbst-Veranstaltung, 4. November 2023)

»Es gibt keine politische Schweinerei der letzten Jahre, die die ned alle gemeinsam am Kerbholz haben. Jede Schweinerei ist eine Gemeinschaftsproduktion dieser Einheitspartei. Schwarz, Grün, Rot und die Schweinderlrosanen.« (Kickl über die anderen Parlamentsparteien, FPÖ-Heimatherbst-Veranstaltung, 4. November 2023)

»Dieser neue Wunderwuzzi, dieser Andreas Babler, der Bürgermeister aus Traiskirchen, diese neue Lichtgestalt, der Bussibär der linken Schickeria. Jaja. Ihr wisst's eh, Traiskirchen ist in Österreich das, was in Italien Lampedusa ist. Mehr Illegale als Einheimische. Ja, und das ist ein Zustand, den niemand in unserem Land haben will. Niemand. Außer ein paar Sozialisten.« (Kickl über SPÖ-Parteivorsitzenden Andreas Babler, FPÖ-Heimatherbst-Veranstaltung, 4. November 2023)

»Die roten und schwarzen Polit-Maden« (Kickl über SPÖ- und ÖVP-Funktionäre in der Krankenkasse, FPÖ-Heimatherbst-Veranstaltung, 4. November 2023)

»Wenn ana als Jugendlicher Kreuze in Schulen verbrennen will. Dann würde ich den amal, sag ich amal, von einem Sachverständigen anschauen lassen. Aber das kann man vielleicht noch als Jugendsünde abtun. Aber wenn jemand als Fünfzigjähriger sich Büsten von Marx und von Lenin in sein Büro stellt und wenn man weiß, dass dieser Lenin ein Staatsterrorist gewesen ist, einer, der die eigene Bevölkerung in Lager gesperrt hat, der politische Gegner umbringen hat lassen, der die eigene Bevölkerung bespitzeln hat lassen, auf gut Deutsch: der Anführer einer Mörderbande, liebe Freunde, das beweist, dass dieser Babler im Laufe der Jahrzehnte ned g'scheiter, sondern immer nur deppater worden ist.« (Kickl über SPÖ-Parteivorsitzenden Andreas Babler, FPÖ-Heimatherbst-Veranstaltung, 4. November 2023)

»Die Hirnis in der ÖVP« (Kickl über die Politiker der Volkspartei, FPÖ-Heimatherbst-Veranstaltung, 4. November 2023)

»Dieser geistige Einzeller« (Kickl über den ÖVP-Generalsekretär Christian Stocker, FPÖ-Heimatherbst-Veranstaltung, 4. November 2023)

»Und bittschön, lasst's euch auch von niemandem einreden, dass ein Sozialist eine Alternative zu einem Systemkanzler wäre. Des san die gleichen Systemlinge!« (Kickl über die SPÖ, FPÖ-Heimatherbst-Veranstaltung, 4. November 2023)

»Der verlängerte Arm der Öko-Fundamentalisten und der Klima-Terroristen auf der Regierungsbank« (Kickl über Vizekanzler Werner Kogler, Rede im Parlament, 13. Dezember 2023)

HERBERT KICKL
ÜBER BILDUNGSPOLITIK

»Ob am Arbeitsplatz, in der Wirtschaft oder in der Bildung und Ausbildung – unsere Bevölkerung ist einem Verdrängungswettbewerb ausgesetzt, der völlig inakzeptabel ist.« (Presseaussendung, 17. Mai 2006)

Erschwerend komme hinzu, dass das Niveau unserer Schulen durch Zuwandererkinder, die der deutschen Sprache nicht oder nur unzureichend mächtig seien, immer weiter nach unten gedrückt werde, betonte Kickl. Die FPÖ schlage daher vor, nach hessischem Vorbild Kinder mit Migrationshintergrund, also auch Kinder von Eingebürgerten, ein Jahr vor der Einschulung einem Deutschtest zu unterziehen. Seien keine ausreichenden Kenntnisse der deutschen Sprache vorhanden, so sollten die Kinder in Sprach-Kindergärten altersgerecht geschult werden. Ältere Kinder von Zuwanderern müssten in Kursen die deutsche Sprache lernen, bevor sie am Unterricht teilnehmen können. Insgesamt dürfe jedoch der Anteil von Kindern mit Mitgrationshintergrund im Regelschulwesen den Wert von 30 Prozent nicht überschreiten. (Presseaussendung, 12. Februar 2007)

»Vorschläge wie zweisprachige Schulen oder die Einführung eines Unterrichtsfaches ›Kultur und Ethik‹, um ›fremde Kulturen besser zu verstehen‹, sind jedenfalls in den Bereich ›multikulturelle Schnapsideen‹ einzuordnen.« (Presseaussendung, 23. August 2007)

Laut Kickl, der auch Sozialsprecher der FPÖ ist, würde die Einführung der Gesamtschule die sozialen Gegensätze vertiefen, und das könne ja wohl kaum Sinn der Sache sein. Während Eltern, die es sich leisten könnten, ihre Sprösslinge auf Privatschulen schicken würden, müssten weniger betuchte Eltern mit der sozialistischen Einheitsschule vorliebnehmen. (Presseaussendung, 29. Oktober 2007)

»Die in mannigfachen Studien nachgewiesene unbefriedigende Ausbildung österreichischer Schüler hat, neben der Tatsache des überbordenden Ausländeranteils in vielen Klassen, ihre Ursache offenbar auch darin, dass viele Eltern sich eine gute Ausbildung ihrer Kinder, die unter anderem auch die Zeit der Eltern beansprucht und entsprechender Unterlagen bedarf, nicht leisten können.« (Presseaussendung, 30. November 2007)

»Für die FPÖ ist klar, dass die österreichische Jugend bei Aus- und Weiterbildung den klaren Vorrang haben muss. Die österreichische Gesellschaft ist es leid, weiterhin für die Integrationsunwilligkeit von Zuwanderern aufzukommen.« (Presseaussendung, 11. Dezember 2007)

Als linkes Ablenkungsmanöver bezeichnete FPÖ-Generalsekretär Herbert Kickl die derzeitigen Versuche, die Debatte um die radikal-islamistischen Religionslehrer zum Vorwand zu nehmen, den Religionsunterricht insgesamt und insbesondere den christlichen Religionsunterricht in Frage zu stellen. »Stattdessen wollen die Grünen und Co. einen Ethikunterricht als neue Spielwiese, um dort ihre linkslinken Gesellschaftsbilder propagieren zu können.« (Presseaussendung, 4. Februar 2009)

»Asylwerber sollen jetzt also auch von der sogenannten Ausbildungspflicht bis 18 erfasst werden. Österreich soll also nicht nur das

›Weltsozialamt‹ bleiben, sondern zusätzlich das ›Weltausbildungsamt‹ für die neue Völkerwanderung werden.« (Presseaussendung, 4. Juli 2016)

»Die Menschen wünschen sich ein Bildungssystem, wo man in der Grundschule rechnen, lesen und schreiben lernt. Sie haben die Grundschulen umfunktioniert, zuerst zu einem Experimentierfeld für die gescheiterte Integration. Und jetzt machen sie daraus eine Indoktrinationsstätte für ihre Woke- und Genderideologie.« (Rede im Parlament, 5. Juli 2023)

»Das betrifft diesen Perspektivenwechsel, den ich angesprochen habe, hin zur Bevölkerung. Genau das kann man herunterbrechen in die einzelnen Bereiche: im Bildungssystem. Dort geht es um die Zukunft unserer Jugend hin zum Schüler und zum Lehrer und weg von dieser Verwaltungsbürokratie, wo lauter unnötige Figuren hingeschoben werden, die alle sonst nirgends mehr zu gebrauchen sind, dort Papier produzieren, Geld kosten, aber keinen Output produzieren.« (Auf1-Interview, 18. September 2023)

»In der Bildung heißt es, dass die Schüler im Mittelpunkt stehen müssen und dass die lebensfit gemacht werden. Dass die tauglich san, dass dann draußen überleben in der Wirtschaft. Die ham doch nix davon, wenn sie da durch einen Streichelzoo durchmanövriert werden und dann blast ihnen der harte Wind der Realität ins G'sicht. Lesen, rechnen, schreiben, Dankschön sagen und Bittschön sagen. Eine Pünktlichkeit und eine Form, des solln's lernen in der Volksschul', auf gendern könn ma verzichten, glaub' i. Des brauch ma ned.« (FPÖ-Heimatherbst-Veranstaltung, 4. November 2023)

HERBERT KICKL
ÜBER DIE CORONAPANDEMIE

»Es geht um das Einhalten ganz einfacher Hygienemaßnahmen. Das, glaube ich, ist in der Zwischenzeit durch, dass man sich die Hände zu waschen hat, dass man Abstand hält – smarte Distanz würde ich das nennen, da brauchen wir kein Rollmeter und hinter jedem einen Polizisten, der dann sofort ein Strafmandat ausstellt. Ja, und wenn man dem anderen dann auch, was eigentlich höflichkeitshalber schon geboten wäre, nicht ins Gesicht niest oder hustet, dann haben wir schon unglaublich viel gewonnen. Ja, das reicht und ich würde die Leute auch nicht einsperren.« (ORF-Report, 19. Mai 2020)

»Die Maske ist nichts anderes als das Symbol dieses Ausnahmezustands, den die ÖVP schönfärberisch als ›Neue Normalität‹ bezeichnet hat.« (ORF-Report, 19. Mai 2020)

»Die österreichische Bevölkerung ist Teil einer großen Feldstudie der Pharmakonzerne, das ist das Konzept.« (Kickl über die Covid-Schutzimpfung, ORF, Im Zentrum, 10. Jänner 2021)

»Wir wissen, dass der PCR-Test, und der steht im Zusammenhang mit dem, was Sie hier als Infektionen bezeichnen, dafür nicht geeignet ist, wofür er zum Einsatz gebracht wird. Das ist die erste Lüge. Damit kommen Sie immer wieder auf Infektionszahlen, die dann in der

Öffentlichkeit so dargestellt werden, als würde es sich um Krankheitsfälle handeln und, und, und, und darauf aufbauend kommt eine Kettenreaktion in Gang, die den Arbeitsmarkt ruiniert, die die Wirtschaft ruiniert und die in diesem Land die Grund- und Freiheitsrechte außer Kraft setzt. Das muss dazu gesagt werden. Dazu kommen weitere Komponenten, weitere Lügen, Unwahrheiten, wenn das ein bisschen vornehmer ist. Die Angelegenheit mit der angeblichen Übertragung durch Asymptomatische. Es gibt genügend Studien, die das widerlegen. Ich sage das deshalb, weil es die Wissenschaft im Zusammenhang mit Corona nicht gibt. Sondern es gibt Regierungsexperten und es gibt andere Experten. Es gibt diese Universität und es gibt andere Universitäten. Und diese Dinge sind in Österreich in der notwendigen Klarheit und Ausführlichkeit nie diskutiert worden. Die nächste Lüge, die fundamental ist für die Strategie der Regierung, ist die Zählweise der Toten. Na ja – wenn ich jeden, der vier Monate, ah, vier Wochen vor seinem Ableben positiv getestet wurde, bin ich wieder bei der ersten Lüge, wo sie schon der positive Test – wenn ich den dann als Todesursache reinschreibe, dass er ein Corona-Toter ist, ja dann darf ich mich nicht wundern über die Zahlen. Und so geht dieses ganze Spiel dahin.« (ORF, Im Zentrum, 10. Jänner 2021)

»Das Problem in Österreich ist genau dasjenige, dass man diese Diskussion, dass man diese Diskussion in der Öffentlichkeit nie ernsthaft geführt hat, sondern man hat sofort gesagt, dass diejenigen, die eine andere Position haben, Corona-Leugner sind, Aluhut ist heute auch schon gefallen. Jetzt gebe ich Ihnen ein Kompliment zurück, ich bezeichne Sie als Corona-Stahlhelmfraktion, weil Sie nichts anderes gelten lassen als Ihre Position.« (ORF, Im Zentrum, 10. Jänner 2021)

»Die Protestbewegung gegen die schwarz-grünen Corona-Maßnahmen wird immer größer und hat in ganz Österreich bereits unzählige Kundgebungen organisiert – allesamt friedlich. Der schäbige Versuch von Innenminister Nehammer und seinen schwarzen Netzwerken, die Demonstranten in ein rechtsextremes Eck zu drängen, ist durchschaubar. Dass Journalisten – allen voran der üppig mit Steuerzahlergeld unterstützte ORF – auf diesen Zug aufspringen, ist ebenfalls erwartbar.« (Telegram, 20. Jänner 2021)

»Und da freue ich mich, wenn ich dann am Sonntag Seite an Seite mit vielen tausenden friedlichen Bürgern der Bundesregierung eine klare und unmissverständliche Botschaft ausrichten darf und diese Botschaft lautet: Stoppt diesen Corona-Wahnsinn.« (ORF, Zeit im Bild, 13 Uhr, 26. Jänner 2021)

»Sie merken, dass die Regierung sie belogen hat, hinters Licht führt und dass es gar nicht um Gesundheitspolitik geht, sondern dass es um Kontrolle und vielleicht auch noch um Geschäftemacherei geht. Und das führt zu Protest und zu Widerstand.« (Rede im Parlament, 4. Februar 2021)

»Seit bald einem Jahr werden unschuldige und symptomlose Menschen von Kanzler Kurz eiskalt isoliert und weggesperrt. Es zerreißt einem das Herz, wenn man mitansehen muss, wie ÖVP-Kanzler Kurz mit seinen unzähligen fehlgeleiteten Corona-Maßnahmen für die wahren Dramen in unserem Land weder Herz noch Sensibilität zeigt. Während Kurz von einer Pressekonferenz zur nächsten eilt, werden von ihm zigtausende alte Menschen von ihren Angehörigen weggesperrt und zerbrechen an der Einsamkeit.« (Telegram, 8. Februar 2021)

»Die Polizei hatte am Protesttag gegen die Corona-Maßnahmen aus dem ÖVP-geführten Innenministerium den klaren Auftrag, möglichst viele Menschen anzuzeigen. So soll versucht werden, die Regierungskritiker einzuschüchtern und davon abzubringen, auch künftig gegen Kurz und Co. auf die Straße zu gehen.« (Telegram, 9. Februar 2021)

»Mit dem heutigen Antrag sagen wir Ihnen klipp und klar, dass wir bei Ihrem Corona-Wahnsinn nicht mit dabei sind. Was Sie machen, ist, Sie arbeiten weiter mit Ihrer Lockdown-Bombe und Sie bereiten in Österreich ein System der Test-Apartheid vor. Sie sind ja Lockdown-Fetischisten. Massentests oder Hausarrest, das ist eine Art gesundheitspolitische Schutzhaft. Dahin geht die Reise, in Reih, in Richtung einer Zwangsimpfung. Sie treiben eine Impfung voran, wo gesunde Österreicher, man kann es nicht anders sagen, zu Versuchskaninchen gemacht werden in einem großen Feldversuch der Pharmaindustrie.« (ORF-Report, 9. Februar 2021)

»Corona hat uns unsere Volkssouveränität und damit unsere Demokratie genommen.« (Telegram, 25. Februar 2021)

»Wir alle haben ein intaktes Immunsystem. Und ein intaktes Immunsystem, das macht den Menschen stark gegen jede Art von Virus mitsamt all den Mutationen, die jetzt von irgendwelchen Leuten plötzlich neu entdeckt werden. Das war schon immer so, dass wir auf unser Immunsystem zählen können.« (Rede auf Corona-Demo im Wiener Prater, 6. März 2021)

»Die Kerkermeister der Republik haben wieder zugeschlagen. Der morgige Dienstag wird mit dem Beschluss des Hauptausschusses sowie mit dem angesagten Umfaller der SPÖ im Bundesrat zum Tag des Unrechts. Das schwarz-grüne Einsperrpaket wird dann zur puren Realität. Die eiskalte Kurz-Politik spaltet die Familien sogar an Ostern – und die SPÖ unterstützt sogar diese grausame Kurz-Politik. Fakt ist: Die Österreicher werden regelrecht in ihren eigenen vier Wänden eingesperrt, obwohl sie rein gar nichts verbrochen haben. Was hat diese Regierung eigentlich in den letzten Monaten getan? Wo blieb eine Aufstockung im Gesundheitswesen? Warum wurde die Intensivbettenkapazität NICHT erweitert, wenn man von Seiten der Regierung ohnehin damit gerechnet hat, dass es zu Engpässen kommen wird? Da ist es natürlich leichter, einfach alles zu schließen! Die Brutalo-Lockdowns werden immer brutaler und die Leidtragenden sind Österreicher.« (Telegram, 29. März 2021)

»In Wahrheit bräuchte es derzeit keine FFP2-Masken im Parlament, sondern Gasmasken. Gasmasken, damit man den Korruptionsgestank aus dem ÖVP-Sektor nicht mehr wahrnimmt. Und die Grünen halten dieser Kurz-Truppe auch noch weiter die Stange. Hier kommt wohl eine Art ›Stockholm-Syndrom‹ zum Tragen.« (Telegram, 21. April 2021)

»Ab Mitte Mai wird Wien als erste Stadt in der EU schwangere Frauen einer Covid-Impfung unterziehen. Der nächste Plan der Regierung ist es, Kinder zu impfen. ➡ Ich sage: Unsere werdenden Mütter und unsere Kinder dürfen nicht für Impf-Experimente missbraucht werden, von denen niemand weiß, wie sie ausgehen. Menschen sind keine Versuchskaninchen!« (Telegram, 4. Mai 2021)

»Diese Nazi-Keule ist stumpf geworden im Verlauf der Jahre und sie ist jetzt noch viel stumpfer geworden mit den ganzen Corona-Entwicklungen. Da haben unglaublich viele Menschen, freiheitsliebende Menschen, untadelige Menschen am eigenen Leib erlebt, dass, wenn man eine Meinung hat, die von der erwünschten Meinung der Regierungsparteien und der linken Schickeria in diesem Land abweicht, dass man dann als Nazi punziert wird.« (Ö1-Morgenjournal, 8. Juni 2021)

»Für mich steht fest: Nicht die Angst, an COVID-19 zu erkranken, treibt die Menschen – vor allem Jugendliche – zur Impfung, sondern es ist vielmehr der Wunsch, endlich wieder in ›Freiheit‹ ein ›normales Leben‹ führen zu können. Nicht die Impfbereitschaft steigt, sondern die ANGST, ungeimpft aus sämtlichen sozialen Strukturen ausgeschlossen zu werden! Weit hat es die schwarz-grüne Regierung gebracht. Von einem normalen Sommer, geschweige denn von einem normalen Leben, sind wir weit entfernt …« (Telegram, 17. Juni 2021)

Für Kickl »belügt« die Regierung die Menschen mit der Erzählung: »Entweder du unterziehst dich der experimentellen Impfung oder du landest irgendwann auf einer Intensivstation und zählst zu den Todesopfern.« Die 3G-Regel am Arbeitsplatz bezeichnete der FP-Chef als »versuchte Impf-Vergewaltigung«. Gesundheitsminister Wolfgang Mückstein (Grüne) warf er vor, gemeinsam mit der Ärztekammer in ganz Österreich »Ärzte zu terrorisieren«. (Oberösterreichische Nachrichten, 5. November 2021)

Zu den »erprobten Therapiemöglichkeiten« zählt Kickl den Einsatz von »Vitamin C und D sowie Zink-Präparaten« und auch das umstrittene Anti-Wurmmittel Ivermectin. In welchen Ländern diese Frühbehandlungen zu der von ihm behaupteten Entlastung von Intensivstationen geführt haben, konnte der FP-Chef nicht sagen. Man werde aber »entsprechende Studien und Beispiele noch verlinken«. Zum Einsatz seien diese alternativen Modelle zur Impfung aber »in Mexiko City oder Asien« gekommen. (Oberösterreichische Nachrichten, 5. November 2021)

»Wir haben es leider in Österreich so weit gebracht, dass man als Arzt, der eine andere Meinung hat als die Regierung, aufpassen muss, nicht ein Disziplinarverfahren oder eine Hausdurchsuchung zu bekommen.« (Neue Vorarlberger Tageszeitung, 6. November 2021)

»Den Ungeimpften kann man keine Schuld an den stark steigenden Infektionszahlen geben.« (Neue Vorarlberger Tageszeitung, 6. November 2021)

»Was ich nicht verstehe, ist, dass die Regierung sich so verbeißt, den Leuten nur eine Geschichte zu erzählen: Entweder du lässt dich impfen oder du bist früher oder später zu schwerem Siechtum oder Tod auf der Intensivstation verurteilt. Das ist einfach falsch.« (Kleine Zeitung, 6. November 2021)

»Es reicht endgültig. Diese Regierung hat mit ihrem Corona-Diktat den Bogen überspannt. Und zwar in allen Bereichen. Alle sind wir Betrogene: die Ungeimpften, die Geimpften, die Genesenen und die Gesunden. Alle Altersgruppen, vom Baby bis zu den Großeltern, sind in irgendeiner Form Opfer dieses Irrsinns.« (Telegram, 8. November 2021)

»Mein Ergebnis lautet, das Corona-Versagen ist deshalb so eklatant in Österreich, weil wir die dümmste, verlogenste und die sadistischste Regierung haben, die es in Europa gibt.« (ORF-Report, 30. November 2021)

»Die Regierung setzt Instrumente der Massenpsychologie ein, um freie Bürger zu Befehlsempfängern zu degradieren. Mit einer brutalen Sündenbockpolitik versuchen Nehammer, Mückstein und Co., das Volk in Gut und in Böse zu spalten. Aber diese Trennung gibt es nur in den Regiebüchern der Mächtigen. In der Realität gibt es eine ganz andere Trennung und die heißt, das Volk ist gut und diese Regierung ist böse.« (Telegram, 11. Dezember 2021)

»Mündige Bürger werden von der dümmsten, unfähigsten und sadistischsten Bundesregierung aller Zeiten unterdrückt, geächtet und erpresst. Ich muss es in dieser Deutlichkeit sagen.« (Telegram, 11. Dezember 2021)

»An die Ja-Sager zum Impfzwang-Gesetz: Sie werden ihrer gerechten Strafe nicht entkommen. Weder moralisch noch rechtlich, noch politisch.« (Telegram, 21. Jänner 2022)

»Die niederösterreichische Ärztekammer hat mich angezeigt. Das finde ich geradezu amüsant, weil die Kammerfunktionäre offenbar nicht einmal das Arzneimittelgesetz verstehen. Weniger lustig ist, was die Ärztekammer Niederösterreich, die mich da jetzt belangen will, während der Corona-Krise so von sich gegeben hat. Die haben schon im August 2021 ein Ende der Gratis-Tests gefordert, außerdem möglichst viele Einschränkungen für Ungeimpfte, eine ›Corona-Abgabe‹ als finanzielle Strafe für alle Ungeimpften und 2G am Arbeitsplatz mit unbezahltem Urlaub für die ›Impfverweigerer‹. Diese niederösterreichische Kammer-Kamarilla steht wie keine zweite Organisation für die bösartige Spaltung der Gesellschaft, da ist selbst der scheidende Bundesärztekammerpräsident Szekeres ein Menschenfreund dagegen.« (Telegram, 13. April 2022)

»Die SPÖ ist von allen guten Geistern verlassen. Sie führt in Wien ihren Hardcore-Corona-Kurs fort. Dass die Menschen unter dem Maskenzwang leiden, ist ihnen egal. Offenbar haben Ludwig und Co. so richtig Gefallen daran gefunden, die Menschen weiter zu drangsalieren und zu schikanieren. In keinem anderen europäischen Land muss die Bevölkerung eine derartige Masken-Qual erleben. Wir haben sommerliche Temperaturen, die Infektionszahlen sind am Minimum, keine Überlastung in den Spitälern – und was macht die SPÖ? Sie setzt den Wahnsinn munter fort. Ludwig dreht nun völlig durch – anders kann man das gar nicht bezeichnen!« (Telegram, 24. Mai 2022)

»Wir sind in Sachen Corona noch nicht fertig! Die Zeugen Coronas müssen jetzt zur Verantwortung gezogen werden. Diejenigen, die verängstigt, gedemütigt, gezwungen und gesundheitlich geschädigt wurden, müssen Gerechtigkeit erfahren. Und die gesetzlichen Restbestände, die ein Wiederhochfahren des totalitären Systems ermöglichen, müssen endgültig beseitigt werden.« (Telegram, 28. November 2022)

»Corona-Versöhnungsprozess, Herr Nehammer? Das geht ganz einfach: 1. Umfassendes öffentliches Schuldeingeständnis der Regierung und aller Steigbügelhalter samt Bundespräsidenten. 2. Buße tun und alle schleunigst zurückzutreten. 3. Neuwahlen SOFORT. Die FPÖ in der Regierung wird dann für volle Aufklärung und Konsequenzen für die Verantwortlichen sorgen. Und für die Opfer gibt es Gerechtigkeit. Alles andere ist inakzeptabel.« (Telegram, 15. Februar 2023)

»Das sind die Corona-Stalinisten, der Herr Hacker und der Herr Ludwig.« (Kickl über den Wiener Bürgermeister Michael Ludwig, SPÖ, und den Wiener Gesundheitsstadtrat Peter Hacker, SPÖ, Aschermittwochrede, 22. Februar 2023)

»Die elementarste Form des Eigentums, das ist mein Körper. Wir haben bei Corona erlebt, wie wenig das Eigentum meines Körpers diesen Herrschenden in dieser Ideologie bedeutet. Gar nichts.« (Auf1-Interview, 18. September 2023)

Die »Wurzeln« dieser extrem hohen Teuerung liegen im Corona-Zwangsregime, in dem mit willkürlichen Lockdowns und Betriebsschließungen unsere Wirtschaft »abgewürgt« wurde, im EU-hörigen Mitziehen beim Sanktionsregime, das eine Energiepreisexplosion zur Folge hat, und in der klimakommunistischen Belastungspolitik, durch die den Menschen mit der CO_2-Strafsteuer und anderen rein ideologiegetriebenen Unsinnigkeiten von der Regierung tief in die Geldbörse gegriffen wird. Statt echter Entlastung gibt es für die eigene Bevölkerung nur Almosen, während für die EU, das Selenskyj-Regime in der Ukraine und illegale Einwanderer die Steuermilliarden bei Nehammer, Kogler und Co. ganz locker sitzen. (Presseaussendung, 17. Jänner 2024)

HERBERT KICKL
ÜBER DEMOKRATIE

»Wenn es nach dem Volk ginge, wären Sie, Herr Nehammer, schon längst nicht mehr Bundeskanzler. Die schwarz-grüne Regierung ist bei der Bevölkerung unten durch. Es braucht daher rasche Neuwahlen, damit die Österreicher über die Zukunft unserer Heimat entscheiden können. Genauso sollte das Volk in entscheidenden Fragen der Neutralität, der Russland-Sanktionen oder anderen wichtigen sicherheitspolitischen Fragen mitreden dürfen: Das Volk entscheidet – DAS ist Demokratie!« (Telegram, 16. Juli 2023)

»Die Alternative für Deutschland hat in den letzten Jahren eindrucksvoll bewiesen, dass sie die Hoffnung der ganz normalen Leute, deren Anker, Sprachrohr und auch Anwalt ist! Gemeinsam mit der AfD kämpfen wir für Freiheit, Heimat und Demokratie und gegen die gesellschaftszersetzende Elitenpolitik – die AfD in Deutschland und wir in Österreich.« (Telegram, 19. September 2023)

»›Die Demokratie ist in Gefahr!‹ – das oder so was Ähnliches hört man derzeit von der Einheitspartei in Bezug auf einen möglichen Wahlsieg der FPÖ. Doch dem System geht es nicht um die Demokratie. Der Einheitspartei geht es nur um ihre Macht. Und weil ihnen der Machtverlust droht, haben sie Angst VOR der Demokratie. Liebe Freunde! Jeder, der es gut mit Österreich meint, darf und muss keine

Angst vor der Demokratie haben. Die Demokratie ist essenziell und ein absolutes Erfolgsmodell. Wir Freiheitliche sind der Garant für eine starke Demokratie, die keinesfalls beschädigt und abmontiert werden darf, so wie es die Einheitspartei offenbar vorhat.« (Telegram, 30. Jänner 2024)

»Der demokratische Klimawandel wird Rot und Schwarz zusammenstutzen!« (Telegram, 15. Februar 2024)

HERBERT KICKL
ÜBER DEMONSTRATIONEN

»Auch wenn es einigen linken Schreiberlingen nicht passt: Das demokratische Demonstrationsrecht gilt auch für die FPÖ. Auch ist eine FPÖ-Kundgebung keine Versammlung von Rechtsextremen, wenn auch für einige Journalisten alles rechtsextrem ist, was nicht die Internationale singt.« (Presseaussendung, 7. November 2014)

»Das Demonstrationsrecht darf eben nicht dazu benutzt werden, um unter dem Deckmantel der freien Meinungsäußerung regelmäßig die halbe Stadt lahmzulegen. Auch darf das Recht auf freie Meinungs-äußerung nicht dazu benutzt werden, um durch Demonstrations-exzesse Menschen in der Ausübung ihrer beruflichen Tätigkeit zu behindern. Und das Demonstrationsrecht darf schon gar nicht dazu benutzt werden, um politisch Andersdenkende zu terrorisieren, zu diffamieren und zu bedrohen. All das ist in den vergangenen Jahren immer wieder passiert und daher ist es notwendig, beim Demonstra-tionsrecht Anpassungen vorzunehmen. Die Freiheitlichen sind hier jedenfalls gesprächsbereit.« (Presseaussendung, 3. Februar 2017)

»Da schrecken Sie auch nicht davor zurück, die Polizisten dieses Landes, die ja nur Bürger in Uniform sind, unsere Mütter, unsere Väter, unsere Töchter, unsere Söhne, unsere Frauen, unsere Männer, dafür zu missbrauchen, um gegenüber friedliebenden Demonstranten

Ihr Machtgehabe präsentieren zu wollen. Gott sei Dank ist es aber beim Versuch geblieben, weil die Menschen so vernünftig gewesen sind, nicht in Ihre Falle zu gehen.« (Rede im Parlament, 4. Februar 2021)

»Nehammer ist als Innenminister völlig untragbar geworden. Denn dieser Herr ist kein Minister, sondern ein Ministrant seines Bundeskanzlers, der wiederum für Berlin ministriert. Er missbraucht die Polizei, um gegenüber friedliebenden Demonstranten sein Machtgehabe zu inszenieren. Dass unsere Grund- und Freiheitsrechte eingeschränkt werden, hat einen klaren Hintergrund: Die Regierung möchte nicht, dass die Kritiker ihrer falschen Politik ihren Protest lautstark auf der Straße kundtun.« (Telegram, 4. Februar 2021)

HERBERT KICKL ÜBER DAS DOKUMENTATIONSARCHIV DES ÖSTERREICHISCHEN WIDERSTANDS

»Auch wenn ein privater Verein wie das mit Steuergeld übersubventionierte Dokumentationsarchiv des österreichischen Widerstands (DÖW) behauptet, dass jemand ›rechtsextrem‹ sei, so bedeutet das noch lange nicht, dass dies auch den Tatsachen entspreche«, sagte Kickl, der darauf verwies, dass ein Pferd, das im Stall neben einer Kuh steht, noch lange keine Kuh sei. (Presseaussendung, 15. Jänner 2015)

»Ein Verein, der an der Spitze der sogenannten Skala der unnötigen Vereine steht« (Rede am rechtsextremen Kongress Verteidiger Europas, 29. Oktober 2016)

»Ausgerechnet das Dokumentationsarchiv des österreichischen Widerstandes, das man als kommunistische Tarnorganisation bezeichnen darf« (Rede im Parlament, 13. Jänner 2020)

HERBERT KICKL
ÜBER DIE EUROPÄISCHE UNION

»Jetzt will Schüssel *(der damalige Bundeskanzler Wolfgang Schüssel (ÖVP), Anm.)* den Eurokraten in Brüssel auch noch eine ›Lizenz zum Aussackeln‹ ausstellen. Noch mehr Geld für mehr Dummheit.« (Presseaussendung, 18. Jänner 2006)

»Frei & neutral statt EU-Knecht ohne Recht« (FPÖ-EU-Kampagne 2007)

»Die Damen und Herren in den Tintenburgen in Brüssel sollen mehrere Dinge nicht vergessen: Erstens wurden die Österreicher von der eigenen damaligen rot-schwarzen Koalition im Auftrag Brüssels vor dem EU-Beitritt für dumm verkauft, indem eine Vielzahl von ungedeckten Versprechensschecks ausgestellt wurde. Zweitens war es die EU, die wegen der demokratisch legitimierten Regierungsbeteiligung der FPÖ in einer undemokratischen Nacht-und-Nebel-Aktion Österreich mit Sanktionen belegt und ins Abseits gestellt hat. Und drittens verfolgt Brüssel kompromisslos einen politischen Kurs nach dem Motto ›Friss, Vogel, oder stirb‹ und ist offenbar trotz aller Notwehrmaßnahmen der Bevölkerung nicht zu einer echten Einsicht fähig.« (Presseaussendung, 15. Juli 2008)

»Echte Volksvertreter statt EU-Verräter« (FPÖ-Slogan EU-Wahl 2009)

»Unser Kurs ist klar: Für Österreich da statt für EU & Finanzmafia«
(FPÖ-Slogan EU-Wahl 2009)

»Soziale Wärme statt EU für Konzerne« (FPÖ-Slogan EU-Wahl 2009)

»Wenn bestimmte Dinge in der Europäischen Union eintreten, etwa
wenn die Türkei ein Mitglied werden sollte der Europäischen Union,
dann wäre ich dafür, dass die österreichische Bevölkerung über den
Verbleib abstimmt.« (ORF, Im Zentrum, 10. März 2013)

»Niemand von uns verlangt einen Austritt aus der Europäischen
Union. Aber was wir verlangen und wozu wir uns bekennen, ist,
dass es keine Denkverbote geben darf und dass man nicht zu einer
Position kommen soll, wo man davon ausgeht, dass die Europäische
Union mitsamt den ganzen Misswirtschaften und Missentwick-
lungen, Fehlentwicklungen, ESM und Geldexporten, dass das der
Weisheit letzter Schluss ist.« (ORF, Im Zentrum, 10. März 2013)

»Wir verstehen Eure Wut – zu viel EU tut niemand gut.« (FPÖ-Slogan
EU-Wahl 2014)

»Die gestrige Fragestunde, die die beiden EU-Bonzen Schulz und
Juncker öffentlich-rechtlichen Journalisten aus Deutschland und
Österreich gewährten, drückt sehr gut die Haltung der zwangsfinan-
zierten Medien gegenüber den Brüsseler Eurokraten aus: Sie besteht
in bedingungsloser Ergebenheit.« (Presseaussendung, 9. Mai 2014)

»Figl *(Leopold Figl, erster Bundeskanzler der Zweiten Republik, Anm.)*
wäre heute wohl begeisterter Freiheitlicher und würde mit uns für
Freiheit und Neutralität Österreichs und gegen den Ausverkauf an
die EU-Zentralisten eintreten.« (Presseaussendung, 21. Mai 2014)

»Die FPÖ ist die einzige Partei, die gegen dieses Europa auftritt.« (Profil, 2. Juli 2018)

»Und ich habe mich natürlich auch mit der Europäischen Kommission angelegt. Mit den Herrschaften, die glauben, sie haben die Weisheit für sich gepachtet da draußen in Brüssel. Denen hamma mal gezeigt, dass in dieser Regierung aus Österreich ein anderer Wind weht.« (Wahlkampfabschlussrede, 27. September 2019)

»Wir Österreicher gehören zu den Nettozahlern dieser EU. Die einzig richtige Botschaft an Brüssel lautet: Österreich zahlt keinen Cent mehr als bisher!« (Presseaussendung, 11. Februar 2020)

»Ich will dem anwesenden Herrn Bundeskanzler und der anwesenden Frau Europaministerin die Veto-Keule mit ins Gepäck hineinlegen. Sie sollen einen Auftrag des österreichischen Nationalrates bekommen, ein Veto gegen eine Erhöhung des EU-Nettobeitrags von Österreich einzulegen.« (Ö1-Abendjournal, 18. Februar 2020)

»Die Eurokraten wollen, dass wir Österreicher bei der nächsten EU-Wahl statt Österreichern Deutsche, Spanier, Polen, Zyprioten etc. wählen. Dieser Irrsinn ist nach der Schuldenunion der nächste fatale Schritt in Richtung ›Vereinigte Staaten von Europa‹.« (Telegram, 13. April 2022)

»Die Mainstream-Medien versuchen es zwar noch zu verschweigen, aber die Meinung der breiten Massen wird man nicht länger ignorieren können. Ca. 70.000 Demonstranten (!!!) forderten in Prag leistbare Energie und den Ausstieg aus den Sanktionen. Auch der Austritt Tschechiens aus der NATO war Thema. Da tut sich etwas. Die Menschen lassen sich nicht länger von den EU-Eliten für dumm verkaufen!« (Telegram, 4. September 2022)

»Und ich glaube, im Großen müssen wir unsere Souveränität wieder holen. Und das geht gegenüber Brüssel. Wir haben so ein ganz spezielles Modell, wo es darum geht, die Neutralität und die Souveränität als zusätzlichen Grundbaustein in unserer Verfassung zu etablieren und damit alles, was von Brüssel oder sonst einer internationalen Organisation kommt, letztendlich mit ganz, ganz hohen Quoren und im Parlament und am Ende mit einer Volksabstimmung überhaupt erst auf frei schalten zu können. Das ist für mich die Rückkoppelung an den Souverän.« (Auf1-Interview, 18. September 2023)

»Der Globalismus will keine nationale Souveränität und er will keine persönliche Individualität. Was er will, ist Gleichmacherei unter den Staaten und unter den Menschen. Und die EU-Kommission in Brüssel ist eines seiner lautesten Sprachrohre. Je mehr der Globalismus um sich greift, umso mehr verkommt alles zu einem Einheitsbrei. Das ist das Ziel dieser Eliten, eine Entwurzelung des Einzelnen und eine Entwurzelung der Völker.« (Info direkt, 19. Juli 2023)

»Jetzt drehen die Eurokraten vollkommen durch! Das EU-Parlament in Brüssel soll jetzt um 455 Millionen Euro renoviert werden. Unser freiheitlicher Delegationsleiter Harald Vilimsky fordert den Stopp der Umbau-Pläne, die Reduzierung von drei Parlamentssitzen auf nur einen und eine Halbierung von Parlament und Kommission!« (Facebook, 18. Dezember 2023)

»Die EU ist nicht willens und in der Lage, die Grenzen Europas vor diesen Eindringlingen zu schützen. Ganz im Gegenteil, sie schützt die Eindringlinge davor, wieder in ihre Heimat abgeschoben zu werden, wenn sie wie die meisten keinen Grund für Asyl vorweisen können. Sie schützt sie mit absichtlich schlechten Gesetzen und mit Urteilen europäischer Höchstgerichte, die nur noch fassungslos machen. Diese Gerichte kümmern sich nur noch um die angeblichen

Rechte der Eingewanderten. Das Recht der europäischen Völker auf Heimat aber treten sie mit Füßen.« (Info direkt, 19. Juli 2023)

»Ich stehe dafür, dass auch Österreich zur Festung wird. Denn eine Festung steht für Sicherheit, Schutz und Geborgenheit. Das ist es, was die Politik den Bürgern zu geben hat. Wir brauchen in Europa viele Festungen. Nur so kann auch Europa als Ganzes zur Festung werden.« (Info direkt, 19. Juli 2023)

»Ein Europa der Vaterländer. Das sollte die EU sein, das hat man uns versprochen. Aber man hat dieses Versprechen nicht gehalten. Wir finden uns heute in einer Union, die souveräne Vaterländer nicht mehr akzeptiert und auch selbst für niemanden ein Vaterland sein will, sein kann und auch nicht sein darf. (Videobotschaft zur »Conservative Political Action Conference« in Budapest, Mai 2023, zitiert nach: Info direkt, 19. Juli 2023)

»So wie viele andere internationale Organisationen ohne jede Legitimation versucht die EU, die Bürger aber zu lenken und zu steuern. Die Globalisten in Politik, Wirtschaft und Medien sind die einzigen Verbündeten dieses abgehobenen Eurokraten-Zirkels. In der Weltgesundheitsorganisation und im ›World Economic Forum‹ sitzen die Freunde der Eurokraten. Dort, wo die Milliardäre von Gates bis Soros ein und aus gehen und mit ihrem Geld versuchen, die Politik zu steuern und abhängig zu machen, damit sie ihre Pläne umsetzt.« (Videobotschaft zur »Conservative Political Action Conference« in Budapest, Mai 2023, zitiert nach: Info direkt, 19. Juli 2023)

»Früher hat man immer nur gesagt, die Europäische Union, das ist ein großes Friedensprojekt, könnts euch an das noch erinnern? Heute san's die größten Kriegstreiber, die dieser Kontinent je gesehen hat in den letzten Jahrzehnten.« (FPÖ-Oktoberfest, 1. Oktober 2023)

»Früher hat man gesagt, die Europäische Union, das steht für den Wohlstand. Heute wissen wir, dass in der Europäischen Union ein Prozess in Gang gesetzt worden ist, wo da des Geld zwischen den Fingern zerrinnt. Also auch da nichts mehr. Und dafür mischen sie sich umgekehrt in lauter Dinge ein, die sie nichts angehen. Unsere Sparbücheln wollen sie durch den digitalen Euro ersetzen. Unsere freie Meinungsäußerung, die wollen sie uns nehmen dadurch, dass sie angeblich Desinformation bekämpfen. Und so weiter, und so weiter.« (FPÖ-Oktoberfest, 1. Oktober 2023)

»I tu ma schon richtig schwer, noch irgendetwas Positives zu finden, wo an dem Laden. I finde ja kaum noch etwas. Und deshalb, lieber Harald *(gemeint ist Harald Vilimsky, FPÖ-Spitzenkandidat zur Europawahl, Anm.)*, deswegen muss im nächsten Mai der blaue Blitz einschlagen ins Kommissionsgebäude. Da muss es nur so rumpeln und die müssen alle elektrisiert sein von der Kraft der Freiheitlichen Partei und der patriotischen Kräfte in Europa. Und wann's dann eine aufs Dach bekommen haben, dann ist es Zeit für eine Rückwärtsbesinnung. Small is beautiful. Ja, nicht überall den Finger eine tun, wo es einen nix angeht. Redimensionierung. Rückbesinnung auf die Kernbereiche. Sonst wird die Europäische Union kein gutes Ende nehmen.« (FPÖ-Oktoberfest, 1. Oktober 2023)

»Bargeld ist gedruckte Freiheit, Selbstbestimmung und Sicherheit. Die EU-Eliten machen jetzt in ihrem Allmachts- und Kontrollwahn gegenüber den Bürgern ernst und wollen die Bargeldabschaffung Schritt für Schritt durchsetzen.« (Neue Freie Zeitung, 21. Dezember 2023)

»EU-Kommissionspräsidentin Ursula von der Leyen gab am Weltwirtschaftsforum in Davos die Richtung vor: ›Nicht Konflikte oder Klimafragen werden die größte Herausforderung für die Weltwirtschaft in den nächsten beiden Jahren sein‹, erklärte sie, ›sondern

Desinformation und Falschinformation, dicht gefolgt von einer Polarisierung innerhalb unserer Gesellschaften.‹ Die selbsternannten Eliten verschleiern also gar nicht mehr, um was es ihnen geht. Sie stellen sich ohne Skrupel hin und sagen, was Sache ist. Das System fürchtet uns, denn die angebliche ›Desinformation‹ behindert ihre Agenda. Denn wenn Frau von der Leyen fordert, Desinformation stärker zu bekämpfen, bedeutet dies in der Konsequenz nichts anderes als Zensur in den sozialen Medien und die Unterdrückung unliebsamer Meinungen.« (Telegram, 22. Jänner 2024)

HERBERT KICKL ÜBER FAMILIE

»Wenn Autos oder Flugreisen teurer werden, wen wird es da wohl treffen? Sicher nicht die oberen Zehntausend oder die Großkonzerne«, bemerkte der freiheitliche Sozialsprecher. Die Förderung von verbrauchsarmen Kleinautos entspreche zwar vielleicht der grünen Tendenz zur Manifestierung von Single-Haushalten oder vielleicht gar kinderlosen gleichgeschlechtlichen Paaren, sei aber ein Schlag ins Gesicht derer, die etwa wie Mehrkindfamilien oder Unternehmer auf eine gewisse Transportkapazität angewiesen seien und die schon jetzt durch die rasanten Preiserhöhungen und Steuerbelastungen für Treibstoffe massiv unter Druck stehen würden. (Presseaussendung, 24. April 2008)

»Kinder haben ein Recht auf Mutter und Vater und müssen vor den gesellschaftspolitischen Experimenten der SPÖ und anderer linker Gruppen geschützt werden.« (Presseaussendung, 16. Mai 2011)

»Das Projekt der 68er ist gescheitert. Wir erleben jetzt, nicht nur in Österreich, eine Gegenbewegung. Und das ist auch gut so. Für mich kommt es zu einer Rückkehr zur Normalität. Die 68er versuchten im Namen des Fortschritts zerstörerisch zu wirken. Wenn ich nur an das Aushöhlen der staatlichen Identität oder der Identität des Familienverbundes denke. Diese Regierung steht für einen offensiven Gegenentwurf. Die Thesen der 68er haben sich als falsch herausgestellt. Das Bedürfnis nach Orientierung, Geborgenheit und Heimat wird von uns wieder in ein positives Licht gerückt.« (Tiroler Tageszeitung, 19. Jänner 2018)

»Und ich rede von denjenigen, die wissen, dass die Familie die Keimzelle der Gesellschaft ist und dass der Staat alles zu unternehmen hat, um diese Familie, bestehend aus einem männlichen Vater und einer weiblichen Mutter und einem Kind und Kindern, zu schützen und nicht zu zerstören. Das sind dann auch diejenigen, die wissen, dass es nur schwangere Frauen und ned schwangere Personen geben kann.« (Rede, 1. Mai 2023)

»Und da möchte ich euch ein paar Beispiele geben, damit ihr sehts, wer in Wahrheit diejenigen sind, die in diesem Land gegen die Normalität und gegen die eigene Bevölkerung arbeiten. Nehmts die Familie. Hier herinnen kann ich es ja sagen: Eine solche Familie besteht aus einem männlichen Vater und einer weiblichen Mutter. Dann bist du ein Hinterwäldler, ein Rückständiger, ein Ewiggestriger oder ein Rechtsextremer.« (FPÖ-Heimatherbst-Veranstaltung, 4. November 2023)

»Wir müssen die Familien dann stärken, wenn's darum geht, sich ein Eigentum aufzubauen. Da gibt es gute Modelle, da kann man von den Ungarn was lernen, wo Familien, die ein paar Kinder haben, dann auch eine Zeit lang fast keine Steuern mehr zahlen müssen. Weil die Ungarn erkannt haben, dass wir diese Leute brauchen, um die Abhängigkeit von sogenannten Fachkräften aus dem Ausland zu kappen. Versteht ja a keiner. Überall sagen's, wir müssen uns unabhängig machen von den Importen, nur bei den Arbeitskräften gilt des nicht. Da gilt genau das Gegenteil. Und wenn ich das im eigenen Land haben will, Kinder statt Inder, um es auf eine Formel zu bringen, dann muss ich den Familien finanziell auch in dieser Phase unter die Arme greifen.« (FPÖ-Heimatherbst-Veranstaltung, 4. November 2023)

HERBERT KICKL
ÜBER FRAUEN

»Freie Frauen statt Kopftuchzwang« (FPÖ-Slogan Wienwahl 2005)

»Wenn jetzt sogar Vorzeige-Emanze Alice Schwarzer aufschreit und die Übergriffe auf Frauen in der Silvesternacht verurteilt, sollten doch auch die österreichischen Feministinnen, allen voran Frauenministerin Heinisch-Hosek, auf ›Empörungs-Modus‹ schalten. Laut Medienberichten waren die sexuellen Übergriffe auf Frauen durch Nordafrikaner und Araber nicht nur auf Deutschland beschränkt. Auch in Österreich hat es diese gegeben.« (Presseaussendung, 7. Jänner 2016)

»Ich bewundere gerade in diesen Tagen die Frauen, die oft wahre Schätze an Weihnachtsbäckerei zaubern. Meine Lieblingskekse, das sind die Vanillekipferl, wie sie meine Oma und meine Mutter immer gebacken haben.« (Hoffnungsvolle Botschaft zum 1. Advent, 3. Dezember 2023)

»Ihr managt den Haushalt, ihr besorgt die Einkäufe, ihr organisiert die täglichen Mahlzeiten, ihr übernehmt die Kinderbetreuung und Kindererziehung und ganz oft auch die Pflege eurer älteren Angehörigen. Und gerade weil ihr so viele Aufgaben bewältigt und für verschiedene Bereiche große Verantwortung übernehmt, arbeiten viele von euch auch in Teilzeit.« (Eine Botschaft an die Frauen dieses Landes, 5. Oktober 2023)

»Liebe Frauen, ihr seid großartig. Eure Mütter und Großmütter waren es, die nach dem Krieg als sogenannte Trümmerfrauen unser Land mit den eigenen Händen wieder aufgebaut haben. Ihr seid es heute, die eure Kinder oft alleine großziehen müssen und zugleich auch dafür sorgen müssen, dass unsere Liebsten mit allem Notwendigen versorgt sind.« (Eine Botschaft an die Frauen dieses Landes, 5. Oktober 2023)

»Ihr, liebe Frauen, ihr seid es, die euren Männern zu Hause den Rücken frei halten.« (Eine Botschaft an die Frauen dieses Landes, 5. Oktober 2023)

HERBERT KICKL
ÜBER GENDERN

Offenbar befinde sich die Bundesregierung jetzt endgültig im GenderInnen-Wahn, meinte heute FPÖ-Generalsekretär Herbert Kickl. Anlass dafür: eine von Staatssekretärin Marek geplante Gesetzesnovelle, wonach Friseurpreise für Männer und Frauen gleich hoch sein müssen. »Sehr viel hat man von der Frau Staatssekretärin ja bislang nicht vernommen, und eigentlich hatte man schon ganz vergessen, dass es sie überhaupt gibt«, meinte Kickl. »Aber jetzt hat sie sich machtvoll in der Öffentlichkeit zurückgemeldet.« Wenn man bisher gedacht habe, dass Absurditäten im Gleichberechtigungsbereich eine Erbpacht von SPÖ und Grünen seien, so müsse man dies nun revidieren. Auch die ÖVP leiste nun ihren Beitrag zur Genderei, mit der man von tatsächlichen Missständen ablenken wolle. »Anstatt sich mit der Situation von Frauen zu befassen, die sich nur mühsam mit mehreren Teilzeitjobs über Wasser halten können, denkt Marek lieber über Lockenwickler und Lockenwicklerinnen nach.« Dass der Aufwand für Damenfrisuren für die Friseure für gewöhnlich ein ungleich höherer sei als für Herrenfrisuren, übersehe die Frau Staatssekretärin dabei geflissentlich. »Aber wahrscheinlich träumt sie schon von der SPÖVP-Einheitsfrisur für Männlein und Weiblein.« (Presseaussendung, 30. Oktober 2007)

»Heute, nicht nur Freunde schauen zu, sondern selbstverständlich auch die selbst ernannte linke Sprach- und Gesinnungspolizei schaut heute zu. Die passt auf, was ich sage. Da richte ich ihnen schöne Grüße aus, wenn sie bei mir den Versuch unternehmen, mir einen Maulkorb umzuhängen. Dann schnappe ich zu, dann beiße ich zu.« (Profil, 15. September 2019)

»Aber diese Leute, die das betreiben, die Genderei, den ganzen Woke-Wahnsinn, die Political Correctness und so weiter, das sind in Wahrheit die Ränder der Gesellschaft und die Mitte hat es schön langsam satt, zu kuschen und nach der Pfeife dieser Minderheit zu tanzen. Jetzt hol ma uns unsere Rechte zurück. Und dann zieht die Normalität in diesem Land wieder ein.« (Rede, 1. Mai 2023)

»Ein Gutteil des linken Irrsinns bei uns kommt aus den USA. Ob das die linke Klima-Politik ist, die über CO2-Reduktion in Wahrheit nur der Atom-Lobby neue Geschäfte eröffnet. Der Gender-Wahnsinn, der neben Frau und Mann noch x andere Geschlechter erfindet und damit unsere familiären Strukturen zerstört. Cannabis-Freigabe oder Pubertätsblocker sind nur weitere linke Irrsinnigkeiten, die es zu uns herüber schwappt.« (Telegram, 24. Februar 2024)

HERBERT KICKL
ÜBER GEWALT

»Wir werden dem Bobo-Sozialismus einen Schlag aufs Hosentürl verpassen.« (Profil, 15. September 2019)

Ihm werde »niemand den Maulkorb der Political Correctness umhängen. Wer es probiert, da wird zuerst hingeschnappt und dann wird gebissen. Kann euch nur sagen, dass das wehtut.« (Profil, 15. September 2019)

»Liebe Freunde, sie wollen uns zermürben, sie wollen uns zerstören. Und unsere Antwort kann nur sein, dass wir uns mobilisieren, dass wir kampfeslustig sind bis zum letzten Tag und dass wir ihnen an Schlag aufs Hosentürl versetzen am kommenden Sonntag. Das wird notwendig sein, damit sie das einmal verstehen.« (FPÖ-Wahlkampfabschluss-veranstaltung, 27. September 2019)

»Ich bin nicht rabiat, sondern konsequent. Ich halte nichts davon, wenn Politiker einander schonen. Man braucht Konfliktfähigkeit. Dieses ›Ich tu dir nix, du tust mir nix‹ verrät die Interessen der Bevöl-kerung. Mich kann man nicht einseifen.« (Profil, 30. Mai 2021)

»Die Grünen fürchten sich vor den Wählern. Früher haben sie Häuser besetzt, jetzt die Ministerien der Republik, wo sie sich ankleben wie ihre Freunde draußen auf den Straßen. Lassen wir sie am Zebrastreifen picken, kletzeln wir sie aus den Ministersesseln weg!« (Neue Freie Zeitung, 22. September 2022)

»Und in Wahrheit ist es eine Riesenschande, dass wir in diesem Land einen solchen Zustand erreicht haben. Und wenn ihr alle sagts, ihr wollt das nicht haben, und wenn ihr euch ärgert und wenn ihr an Grant habts, wenn ihr wirklich emotional werdet und euch auf die Hinterfüß stellts und wenn ihr Anträge macht, wenn ihr Petitionen unterschreibt und wenn ihr die Freiheitliche Partei unterstützt in dem Kampf gegen diesen Wahnsinn, da wir die Einzigen sind, die einen langen Atem haben und glaubwürdig in der Sache sind, ja, liebe Freunde, dann ist nichts davon böse, dann ist nichts davon ausländerfeindlich, dann ist nichts davon schlecht, dann ist nichts davon unmoralisch, dann ist nichts davon rechtsextrem. Ganz im Gegenteil. Wisst's, was es ist: Es ist normal. Es ist selbstverständlich. Es ist logisch. Es ist vernünftig. Und es ist notwendig. Und der Terminus technicus dafür ist Notwehr, liebe Freunde, begründete Notwehr. Und dafür habe ich vollstes Verständnis.« (Rede bei einer Kundgebung gegen eine Asylunterkunft in Leoben, 30. Juni 2023)

HERBERT KICKL
ÜBER HEIMAT

»Wir bewahren unsere Heimatstadt – Die SPÖ macht sie uns fremd.«
(FPÖ-Slogan Wienwahl 2010)

»Heimat-Liebe statt Marokkaner-Diebe« (FPÖ-Slogan Innsbruck-Wahl 2012)

»Ich kenne keine Partei, die eine solche Hasspartei ist, wie wir es bei den Grünen vorliegen haben. Das ist eine Partei, die Hass gegenüber Österreich, die Hass gegen Heimat, die Hass gegenüber National-bewusstsein und die Hass gegenüber Vaterlandsliebe als zentralen Bestandteil ihrer ganzen politischen Tätigkeit hat.« (Ö1-Mittagsjournal, 28. August 2013)

»Liebe deine Nächsten – für mich sind das unsere Österreicher« (FPÖ-Slogan Nationalratswahl 2013)

»Wir helfen zuerst im eigenen Land – Rot-Schwarz hilft Bank & Spekulant« (FPÖ-Slogan Nationalratswahl 2013)

»Wir wollen auch für diejenigen da sein, die insbesondere in den Ballungsräumen dieses Landes schon lange zu Fremden in der eigenen Heimat werden, und wir wollen vor allem für die da sein, die dann, wenn sie das auch irgendwo artikulieren, von oben herab dann als Modernisierungsverlierer, als Ewiggestrige, als Rechtsextremisten oder sonst irgendetwas denunziert werden.« (Ö1-Mittagsjournal, 12. August 2013)

»Aufstehen für Österreich – Deine Heimat braucht dich jetzt« (FPÖ-Slogan Bundespräsidentschaftswahl 2016)

»Die Aufgabe des Staates ist es, die Freiheit des Einzelnen zu schützen und die Identität unserer Heimat und unserer Bevölkerung zu bewahren.« (Neue Freie Zeitung, 10. Juni 2021)

»Ich stehe dafür, dass auch Österreich zur Festung wird. Denn eine Festung steht für Sicherheit, Schutz und Geborgenheit. Das ist es, was die Politik den Bürgern zu geben hat. Wir brauchen in Europa viele Festungen. Nur so kann auch Europa als Ganzes zur Festung werden.« (Info direkt, 19. Juli 2023)

»Wir sind bereit, alles dafür zu tun, um für unsere Heimat beim Thema Asyl die Selbstbestimmung von Brüssel zurückzuholen. Wir Österreicher haben nämlich das Recht darauf, selbst zu entscheiden, wer in unser Land kommen darf und wer eben nicht. Deshalb unser Vorstoß für eine Festung Verfassung, deshalb wollen wir eine Festung Österreich bauen, die zum Beispiel einen Asylstopp und in weiterer Folge ein Ende des Zugriffs für Asylanten auf unser Sozialsystem beinhaltet.« (Neue Freie Zeitung, 20. Juli 2023)

HERBERT KICKL
ÜBER DEN ISLAM

»Jahrelang haben Rot, Grün und Schwarz das Märchen von der friedvollen multikulturellen Gesellschaft erzählt, wo alle Menschen sich umarmen und den ganzen Tag lachen, tanzen und singen«, sagte Kickl. »Die Wirklichkeit sieht anders aus: Islamistische Hassprediger in Wien, Minarette in Tirol, Kopftuchzwang in Linz – und das alles ist nur die Spitze des Eisbergs.« (Presseaussendung, 24. Jänner 2006)

»Wir leben hier in Österreich und nicht in Saudiarabien. Wer sich privat verschleiern will, soll das machen. Aber in offiziellen Dokumenten der Republik Österreich hat ein Kopftuch nichts verloren.« (Presseaussendung, 19. Juni 2006)

»Es kann ganz und gar nicht sein, dass Zuwanderer versuchen, uns ihre Sitten aufzuzwingen«, betonte Kickl. Zuwanderer hätten sich den hierzulande üblichen Sitten anzupassen und nicht umgekehrt. Kopftücher für Lehrerinnen kämen auf keinen Fall in Frage. »Ganz im Gegenteil wäre ein Kopftuchverbot in Schulen und allen öffentlichen Instituten nach französischem Vorbild jetzt Gebot der Stunde«, meinte der freiheitliche Generalsekretär. Die betroffenen Pädagoginnen könnten sich der vollen Unterstützung der FPÖ sicher sein. »Zuerst hat man Hassprediger toleriert, dann hat man einen Minarettbau in Tirol zugelassen, und jetzt sollen unsere Lehrerinnen sich den islamischen Sitten anpassen«, führte Kickl weiter aus. Dies alles sei die Folge einer völlig falschen Integrations- und Zuwanderungspolitik. Für Kickl zeigt dies einmal mehr, wie sehr der FPÖ-Slogan »Freie Frauen statt Kopftuchzwang« aus dem Wiener Wahlkampf berechtigt gewesen sei. »Es hat lange genug gedauert, bis die Gleichberechtigung der Frauen erreicht wurde. Wir lassen uns das Erreichte sicher nicht durch mittelalterliche Fanatiker zerstören.« (Presseaussendung, 23. Juni 2006)

FPÖ-Generalsekretär Herbert Kickl bezeichnete die Pläne der Niederlande und auch Italiens, das Tragen von Burkas und anderer Kleidung mit Gesichtsschleier in der Öffentlichkeit zu verbieten, als vorbildlich auch für Österreich. Gerade die Niederlande hätten in den letzten Jahren einsehen müssen, dass die Politik des multikulturellen Pseudoliberalismus und der falsch verstandenen Toleranz gescheitert sei. Das habe nicht erst die brutale Ermordung des Filmemachers Theo van Gogh durch einen islamistischen Fanatiker im November 2004 bewiesen. Kickl forderte auch für Österreich ein Verbot der Burka in der Öffentlichkeit sowie ein Kopftuchverbot an Schulen und im öffentlichen Dienst. Dies sei längst überfällig. (Presseaussendung, 23. November 2006)

»Nach dem Nikolaus ist nun offenbar das Sparschwein dran«, kommentierte heute FPÖ-Generalsekretär Herbert Kickl eine entsprechende Meldung der »Kronen Zeitung«. Österreichische Geldinstitute etwa würden immer mehr auf Sparschweine verzichten, um die »Gefühle strenggläubiger Moslems nicht zu verletzen«. Denn Sparschweine würden bei diesen Kunden als unrein gelten, erläuterte Kickl die abstrusen Begründungen für ein mögliches »Sparschwein-Verbot«. In England sei dies bereits Praxis, was aber nicht wirklich verwundern würde, da ja in London derzeit die größte Moschee Europas für rund 70.000 Menschen geplant sei, so der FPÖ-Generalsekretär.

»Als Vertreter einer Partei, für die die Österreicher an erster Stelle stehen und die stolz auf die eigene Kultur und Tradition ist, kann man bei diesem erbärmlichen Kniefall und Anspruch von Pseudo-Toleranz nur den Kopf schütteln«, so Kickl weiter. Wenn man sich diese absurden Diskussionen wie etwa um den Nikolo ansehe, so sei es nur eine Frage der Zeit, wann der nächste Angriff auf andere Symbole unserer mitteleuropäischen Kultur wie das Christkind oder die Krippe erfolgt.« (Presseaussendung, 5. Dezember 2006)

Die ÖVP samt ihrem Regierungspartner SPÖ sollten vielmehr die Scheuklappen der falsch verstandenen Toleranz endlich abnehmen, so Kickl. Ein Minarettverbot, eine Verpflichtung zur Predigt in deutscher Sprache, Kopftuch- und Burkaverbot im öffentlichen Raum, eine Eingreiftruppe gegen den ausufernden Islamismus, ein jährlicher Islamisierungsbericht und die Bereitschaft zur Aberkennung des Statuts der anerkannten Religionsgemeinschaft bei zunehmender Radikalisierung seien die nötigen Antworten. (Presseaussendung, 18. September 2007)

»Der Antisemitismus im Hier und Jetzt ist maßgeblich ein islamistisch motivierter und das Entstehen von islamistisch geprägten Parallel- und Gegengesellschaften, deren Betreiber von roten und schwarzen Verantwortungsträgern finanziell und infrastrukturmäßig unterstützt worden sind, fällt in die Kategorie Eigenverschulden.« (Presseaussendung, 20. Juli 2017)

»SPÖ und ÖVP haben dem Islamisierungsmultikulti den roten Teppich ausgerollt und tun es noch. Ihre Politik hat dem politischen Islam in Österreich den Boden aufbereitet. Die Integrationspolitik ist gescheitert, kein Wunder bei einem ÖVP-Minister Kurz, der den Islam als Teil Österreichs sieht und Österreich zu wenig Willkommenskultur attestierte«, so Kickl. (Presseaussendung, 12. August 2017)

»Wir dürfen unsere Augen vor einer Untertunnelung der Gesellschaft durch den politischen Islam nicht verschließen. Und die Assoziationen an die dunkelste Geschichte Österreichs habe ich gegenwärtig eher, wenn man Leute wegen Corona stigmatisiert, weil sie die gesundheitspolitischen Zwangsmaßnahmen der Regierung nicht mitmachen und damit zu Bürgern zweiter Klasse werden.« (Kickl auf die Frage, was er dazu sagt, dass der damalige Identitären-Chef Martin Sellner dazu aufrief, Bürgerinitiativen gegen Gebetshäuser zu gründen, was an die dunkelsten Zeiten der österreichischen Geschichte erinnere, Der Standard, 11. Juni 2021)

Bezeichnend sind für FPÖ-Kultursprecher Herbert Kickl die islamistischen Proteste gegen den Ritterschlag für Salman Rushdie. Nach den gewalttätigen Ausschreitungen im Zusammenhang mit dem sogenannten Karikaturenstreit und den Aussagen von Papst Benedikt XVI. erhebe der islamische Fundamentalismus nun erneut sein hässliches Haupt und wüte gegen einen der bedeutendsten europäischen Schriftsteller, dem schon längst der Literaturnobelpreis gebühre. Kickl sieht dadurch aber auch alle Warnungen der FPÖ vor dem Islamismus bestätigt. Die Freiheit der Rede und der Kunst sei eines der höchsten Güter der europäischen Wertegemeinschaft.« (Presseaussendung, 22. Juni 2007)

Die FPÖ werde jedenfalls entschiedenen Widerstand gegen den Bau von Moscheen und Minaretten leisten, egal ob in Graz oder anderswo, betonte Kickl. Dieses islamische Siegeszeichen habe in einem christlich-aufgeklärten Europa nichts verloren. (Presseaussendung, 28. August 2007)

»Der freiheitliche Generalsekretär forderte zusätzlich erneut eine schärfere Gangart gegenüber islamistischen Tendenzen unter Österreichs Muslimen: die uneingeschränkte Gleichberechtigung von Mann und Frau auch bei Moslems, ein Bauverbot für Minarette, die Deutschpflicht beim Religionsunterricht, ein jährlicher Islamisierungsbericht zur Kontrolle von radikalen und verfassungsfeindlichen

Tendenzen und ein sofortiger Zuwanderungsstopp seien im Grunde unumgänglich.« (Presseaussendung, 24. September 2007)

»Ein Burka-Verbot in Europa wäre ein deutliches Signal der westlichen Kultur gegen den Versuch moslemischer Extremisten, die Errungenschaften der Emanzipation zu unterlaufen und das Rad der Zeit zurückzudrehen.« (Presseaussendung, 15. September 2010)

»Ich hab einmal gesagt, dass die Roten und die Grünen, und da waren die Schwarzen auch mit dabei, dem Islam in Wien und in Österreich den roten Teppich ausgerollt haben. Und wenn ich wieder Innenminister bin, dann werden wir den Teppich wieder einrollen Stück für Stück, Zentimeter für Zentimeter und dann machen wir aus dem Teppich einen fliegenden Teppich.« (FPÖ-Wahlkampfabschlussveranstaltung, 27. September 2019)

Es gehe nicht an, dass sich die ÖsterreicherInnen an die Einwanderer anpassen, sei es in der Kruzifix-Debatte oder bei Speisevorschriften. Kickl forderte klare Grenzen sowie ein schärferes Islam-Gesetz. So müsse der politischen Agitation unter dem Deckmantel der Verkündigung religiöser Lehren Einhalt geboten werden, unterstrich er und verlangte Konsequenzen wie den Entzug der Staatsbürgerschaft und die Abschiebung. (Presseaussendung, 5. November 2014)

»Ziel muss sein, alle liberalen Muslime, die sich zum demokratischen Rechtsstaat, zu unserer Verfassung und zu den Menschenrechten bekennen und aus diesem Grund selbst zur Zielscheibe für Islamisten geworden sind, zu schützen, die von den finanzierenden fremden Staaten in vielen Gebetshäusern vorangetriebene islamistische Parteipolitik, die einen Missbrauch der Religion darstellt, zu unterbinden, eine effiziente Kontrolle von Inhalten und deren Vermittlung durch die Verwendung der deutschen Sprache sicherzustellen, sowie eine sachlich nicht gerechtfertigte Privilegierung des Vereins ›Islamische Glaubensgemeinschaft‹ gegenüber anderen islamischen Gruppierungen zu verhindern. Von all diesen Punkten sind wir weit entfernt.« (Presseaussendung, 12. November 2014)

»Wir brauchen ein Verbotsgesetz gegen den politischen Islam.« (Wahlkampfabschlussveranstaltung, 27. September 2019)

»Wer sich – wenn auch im aktuellen Regierungsprogramm nur noch halbherzig – dem Kampf gegen den politischen Islam verschreibt, der muss auch dafür sorgen, dass keine Lehrerinnen mit Kopftuch die Kinder und Jugendlichen unterrichten.« (Presseaussendung, 17. Jänner 2020)

»Wir brauchen ein Verbotsgesetz gegen den politischen Islam. Hätten wir ein solches, hätten wir diese Terroristen aus dem Verkehr ziehen können *(gemeint ist der islamistische Attentäter, der am 2. November 2020 in Wien vier Menschen ermordete und 28 zum Teil schwer verletzte, Anm.)*, es ermöglicht uns nämlich, zuzugreifen, bevor Blut fließt. Wir haben uns immer gegen vorzeitige Entlassungen von solchen Individuen ausgesprochen. Wir sind für die Aberkennung von Staatsbürgerschaften, auch wenn am Ende die Staatenlosigkeit übrig bleibt. Das ist nicht unser Problem, das ist das Problem dieser terroristischen Individuen.« (Rede im Parlament, 5. November 2020)

»Wer nicht in einem Islamisten-Grätzel leben will, sondern unter seinesgleichen, der ist nicht rechtsextrem, sondern normal.« (Neue Freie Zeitung, 1. Juli 2021)

»Die größte Gefahr ist der importierte Islamismus. Das ist die größte Gefahr. Woher kommt der importierte Islamismus? Der importierte Islamismus kommt durch eine als Asyl getarnte Völkerwanderung.« (Pressekonferenz, 15. November 2023)

HERBERT KICKL
ÜBER INTEGRATION

Das »Bodenrecht«, also die automatische Verleihung der Staatsbürgerschaft an in Österreich geborene Kinder, auch wenn kein Elternteil Österreicher sei, lehnt die FPÖ definitiv ab. Zum einen öffne man damit dem Missbrauch Tür und Tor, was letztlich dazu führen könne, dass man den Schlepperbanden einen neuen Erwerbszweig eröffne, warnte Kickl. Zum anderen wären etwa amerikanische, italienische oder französische Touristen, deren Kind zufällig in Österreich geboren würde, wohl nicht sehr begeistert, wenn man den Sprössling mit der Staatsbürgerschaft zwangsbeglücke.« (Presseaussendung, 26. August 2005)

Ausgesprochen kritisch beurteilt FPÖ-Generalsekretär Herbert Kickl das Vorhaben der Regierung, ein »Sprachticket« im Wert von 80 Euro einzuführen. »Die Kenntnis unserer Sprache ist in gewisser Weise eine Bringschuld derer, die sich in unsere Gesellschaft integrieren wollen«, betonte Kickl. »Man kann die Kosten nicht nur auf die Gastgesellschaft abwälzen.« Der Schulbesuch sei ohnehin schon gratis. Es liege in der Verantwortung der Eltern, dafür zu sorgen, dass ihre Kinder die deutsche Sprache beherrschten. Sollten diese Eltern bislang untätig gewesen sein, dürfe man sie nicht auch noch dafür belohnen. (Presseaussendung, 17. Oktober 2005)

»Deutsch statt nix verstehn« (FPÖ-Slogan Nationalratswahl 2006)

»Jahrelang haben Rot, Grün und Schwarz das Märchen von der friedvollen multikulturellen Gesellschaft erzählt, wo alle Menschen sich umarmen und den ganzen Tag lachen, tanzen und singen«, sagte Kickl. »Die Wirklichkeit sieht anders aus: Islamistische Hassprediger in Wien, Minarette in Tirol, Kopftuchzwang in Linz – und das alles ist nur die Spitze des Eisbergs.« (Presseaussendung, 24. Jänner 2006)

»Es kann ganz und gar nicht sein, dass Zuwanderer versuchen, uns ihre Sitten aufzuzwingen«, betonte Kickl. Zuwanderer hätten sich den hierzulande üblichen Sitten anzupassen und nicht umgekehrt.« (Presseaussendung, 23. Jänner 2006)

»Die österreichische Gesellschaft ist es leid, weiterhin für die Integrationsunwilligkeit von Zuwanderern aufzukommen.« (Presseaussendung, 11. Dezember 2007)

»Zuerst werden Personen mit Migrationshintergrund im Polizeidienst bevorzugt aufgenommen werden, jetzt in den Schulen, und der nächste Bereich sind wahrscheinlich die Krankenhäuser. Da ist es kein Wunder, wenn sich immer mehr Österreicher wie Fremde im eigenen Land fühlen.« (Presseaussendung, 15. Februar 2008)

»Besser als darüber zu diskutieren, ob ein Burkini in Österreichs Schwimmbädern nun erlaubt sei oder nicht, wäre es, muslimische Frauen zur Emanzipation anzuleiten«, sagte der freiheitliche Generalsekretär Herbert Kickl in einer ersten Reaktion auf die diesbezügliche Berichterstattung in der APA. »Im 21. Jahrhundert sollte in allen Bereichen weiter gegen die Unterdrückung der Frauen gearbeitet werden, statt sie zu manifestieren.« Abgesehen von geltenden Hygiene- und Sicherheitsstandards, sei der Burkini auch geeignet, das Empfinden nichtmuslimischer Badegäste zu stören, so Kickl. In Österreich sei ein Burkini nicht ortsüblich, solle das auch nicht werden und sei daher abzulehnen. Österreich nehme für sich nur das gleiche Recht in Anspruch, wie dies unter umgekehrten Vorzeichen in muslimischen Ländern ja auch der Fall sei. Sonderregelungen für Integrationsunwillige in Schwimmbädern seien ebenso abzulehnen wie muslimische Badetage, an denen Österreichern der Zutritt in öffentliche Bäder verwehrt werde, sagte Kickl. (Presseaussendung, 10. November 2009)

»Mehr Mut für unser Wiener Blut – zu viel Fremdes tut niemandem gut« (FPÖ-Slogan Wienwahl 2010)

»Es ist völlig inakzeptabel, wenn besonders Migranten-Eltern ihre erzieherischen Pflichten vernachlässigen und kein Interesse an einer ordentlichen Schulbildung ihrer Kinder zeigen. Mit einer solchen Einstellung werden die Chancen der Jugendlichen schon zu Beginn ihres Lebens zunichtegemacht. Das Ergebnis sind dann Arbeitslosigkeit, Frustration, Gewaltbereitschaft und allzu oft Flucht in Drogenkonsum oder Kriminalität.« (Presseaussendung, 21. Februar 2012)

»Ausländern, die beispielsweise durch fehlende Sprachkenntnis Bildungsverweigerung betreiben, sollen auch die sozialen Beihilfen gekürzt oder gänzlich gestrichen werden können. Wir wollen kein System, in dem Bildungsverweigerer von der Schule in die Mindestsicherung und dann in die Pension getragen werden. Das ist ein Schlag ins Gesicht für alle leistungsbereiten Menschen im Land.« (Presseaussendung, 6. August 2013)

»Gemäß dem freiheitlichen Vorschlag soll jeder Nichtstaatsbürger in Österreich nur das bekommen, was er im eigenen Land an entsprechender Leistung erhalten würde. Der Zugang zu den Sozialleistungen darf erst am Ende einer erfolgten Integration – das heißt nach

Erlangung der Staatsbürgerschaft – stehen und nicht am Beginn. Dann bräuchte man auch keine Diskussion darüber zu führen, wie man Integrationsunwilligen wieder etwas wegnehmen kann«, erklärte der FPÖ-Generalsekretär. (Presseaussendung, 19. November 2015)

»Weder hat Österreich die Kapazität zur Integration von jährlich mehreren zehntausend Menschen aus kulturfernen Gebieten, noch haben wir den entsprechenden Wohnraum, noch die benötigten Arbeitsplätze. Und ganz sicher ist es nicht unsere Aufgabe, das Prekariat aus Afrika und des Nahen und Mittleren Ostens in unsere Gesellschaft zu importieren.« (Presseaussendung 8. Februar 2017)

»Es ist wieder ein Fall, wo ein Ausländer zugeschlagen hat. In dem Fall ist es kein Asylwerber oder Asylberechtigter – diese Fälle hatten wir ja auch –, sondern jemand, der über die qualifizierte Zuwanderung gekommen ist. Wir müssen uns schon die Frage stellen, ob in der Vergangenheit bei der Integration alles richtig gelaufen ist. Ich glaube, dass das vielmehr eine Fantasie von linken Träumern und Spinnern war. Wir haben Menschen bei uns im Land, bei denen die Frau als Besitz des Mannes angesehen wird.« (oe24.tv, 22. Jänner 2019)

»Der Herr Bürgermeister hat von jungen Männern gesprochen. Ich spreche von jungen Afghanen, ich spreche von jungen Syrern, ich spreche von Menschen, die keine Österreicher sind, weil wir wissen, dass dort die Kriminalitätsrate eine besonders hohe ist. Und da bin ich dann neugierig, ob ich mir mit dem den Vorwurf des ›Ethnic Profiling‹ dann zuziehe.« (ORF-Report, 22. Jänner 2019)

»Sie haben vorher die Bundeshymne auch zitiert, die könnten wir auch in anderer Art und Weise umtexten, da könnten wir dann sagen: ›Heimat fremder Töchter Söhne‹.« (ORF, Im Zentrum, 20. Juni 2021)

»Die jüngste Welle der Gewalt mit Mord, Messerstechereien und Raubüberfällen zeigt, dass das Experiment Integration gescheitert ist. Das Asylrecht muss entstaubt und überarbeitet werden, sowohl national wie auch auf EU-Ebene. Insbesondere muss es möglich sein, Personen, die in Österreich Asyl in Anspruch nehmen und straffällig werden, unverzüglich und ohne Wenn und Aber in ihre Heimat abzuschieben.« (Neue Freie Zeitung, 22. Juni 2023)

»Wenn es um Personen geht, die schon hier sind und die Integrationsverweigerung nachhaltig betreiben, dann hätte ich auch hier einen anderen Ansatz, als da irgendwo mit ein paar Strafen sozusagen nichts zu bewirken. Sondern dann muss man diesen Leuten sagen, wenn diese Integrationsverweigerung nachhaltig geschieht, dann verlierst du die Staatsbürgerschaft, die du offensichtlich zu Unrecht hast, weil du mit deinem Verhalten beweist, dass du kein Teil dieser Gesellschaft sein willst. Und mit deiner Staatsbürgerschaft verlierst du das Aufenthaltsrecht. Das ist die einzige konsequente Maßnahme, die dazu führt, diese Leute zur Besinnung zu bringen oder sie außer Landes zu bringen.« (FPÖ-Pressekonferenz, 15. November 2023)

HERBERT KICKL
ÜBER DIE JUSTIZ

Absolut skandalös findet es FPÖ-Generalsekretär Herbert Kickl, dass für den VfGH-Präsidenten Korinek unsere Neutralität im eigentlichen Sinne nicht mehr gegeben sei. Es sei auch absolut inakzeptabel, dass Korinek eine Volksabstimmung über den EU-Reformvertrag nicht für erforderlich halte. »Der Herr Präsident sollte sich vielleicht die österreichische Bundesverfassung wieder einmal zu Gemüte führen. Dort steht nämlich, dass das Recht vom Volk ausgeht.« Korinek sei kein Verfassungshüter, sondern ein Verfassungsverdreher mit politischem Hintergrund, kritisierte Kickl. (Presseaussendung, 4. November 2007)

Als Gesinnungsjustiz bezeichnete FPÖ-Generalsekretär NAbg. Herbert Kickl das Skandalurteil gegen die freiheitliche Nationalratsabgeordnete Susanne Winter. Die Meinungsfreiheit in unserem Land sei dadurch extrem gefährdet. Es sei grotesk, wenn ein Politiker nicht mehr vor den Folgen einer verfehlten Zuwanderungspolitik warnen dürfe. Dass Winters Aussagen angeblich »objektiv geeignet gewesen« seien, »Hass zu schüren«, wie dies der Richter behaupte, sei völlig absurd. Scharfe Kritik übte Kickl auch am Richter, der gesagt habe, dass nicht nur Susanne Winter, sondern der gesamte Grazer Gemeinderatswahlkampf und die FPÖ vor Gericht stünden. Er habe damit seinen Gerichtssaal zum verlängerten Arm jener

Parteizentralen gemacht, die auf Kriegsfuß mit den österreichischen Interessen stünden. Da politisch nichts mehr helfe, wolle man die Kritik der FPÖ offenbar nun auf dem Gerichtsweg ausschalten. Ein schwerer Schlag sei das Urteil auch für die Sache der Zivilcourage. Denn eigentlich hätte es schon im Vorfeld einen gewaltigen Aufschrei für die Meinungsfreiheit geben müssen. Offenbar ignoriere man konsequent den Kern der Meinungsfreiheit, der gerade darin bestehe, die Meinung des Andersdenkenden zuzulassen, so Kickl. Das Urteil sei ein weiterer Tiefpunkt in der kollektiv ausgerufenen Hetzjagd gegen die Freiheitlichen. Offenbar würden freiheitliche Politiker als Freiwild betrachtet. (Die damalige FPÖ-Abgeordnete Winter war wegen islamfeindlicher Aussagen wegen Herabwürdigung religiöser Lehren rechtskräftig verurteilt worden, Presseaussendung, 22. Jänner 2009)

»Denn ich glaube immer noch, dass der Grundsatz gilt, dass das Recht der Politik zu folgen hat und nicht die Politik dem Recht.« (ORF-Report, 22. Jänner 2019)

»Das heißt dann vielleicht auch, die Bereitschaft zu haben, sich mit dem Gemeinschaftsrecht anzulegen. Das heißt dann auch, das eine oder andere Mal die Bereitschaft zu haben, völkerrechtliche Bestimmungen auf ihre Sinnhaftigkeit zu hinterfragen.« (Kickl über von ihm geplante »Transitzonen« für straffällig gewordene Asylwerber und Flüchtlinge, ORF-Report, 22. Jänner 2019)

»Die armen Teufel im Gefängnis sind die Justizwachebeamten und nicht mehr die Häftlinge und ich glaube, das gehört auch einmal vom Kopf auf die Füße gestellt. Weil es kann ja nicht sein, dass es den Häfenbrüdern drinnen besser geht als draußen auf der Straße. Das ist nicht der Sinn und Zweck der Straße und das drehen wir um.« (FPÖ-Wahlkampfabschlussveranstaltung, 27. September 2019)

»Es war immer eine Überlegung von uns, überhaupt zu sagen, dass man Polizei und Justizwache auch zusammenlegen könnte. Durchaus ein interessanter Gedanke, wenn es darum geht, Synergien zu schaffen. Die Tätigkeitsfelder liegen in einzelnen Bereichen gar nicht so weit auseinander und es würde schon sehr, sehr viele Synergien ergeben, wo man sich einiges sparen kann.« (Pressekonferenz, 15. November 2023)

»Es braucht auch harte Strafen. Das ist auch eine Art der Gerechtigkeit gegenüber den Opfern und es versteht kein Mensch, wenn Belästiger, wenn Schläger, wenn Vergewaltiger von der Justiz mit Glacéhandschuhen angegriffen werden. Da fehlt der Bevölkerung jedes Verständnis. Da ist einmal ordentlich in den Schmalztopf hineinzugreifen, damit diese Leute auch das bekommen, was ihnen zusteht. Ja, mit linken Träumen à la Broda *(gemeint ist der frühere sozialdemokratische Justizminister und Reformer Christian Broda, Anm.)*, mit Resozialisierungsfantasien, deren Erfolg wir am Beispiel Jack Unterweger eindrucksvoll bestätigt bekommen haben, wird man nicht weit kommen und auch die Sicherheit der österreichischen Frauen nicht erhöhen können.« (Rede im Parlament, 11. Dezember 2019)

»Also auch dort eine Umkehr. Und auch bei der Justiz, dass die Urteile wieder so sind, dass die Leute es versteh'n. Und ned dass alle nur den Kopf beuteln wie beim Teichtmeister, der in einem Schnellverfahren in einem Tag da irgendwo durch das Gericht durchmanövriert wird. Des sag' ich euch a, liebe Freunde, den Teichtmeister, des schau ma uns a noch amal an, wann ma was zum reden haben. Des is der anzige Mensch, der mit sei'm Handy offenbar nie telefoniert.« (FPÖ-Heimatherbst-Veranstaltung, 4. November 2023)

»Ich bin nicht mehr bereit, diese 1968er-Kuscheljustiz, diesen Traum von einer, von einer gefängnislosen Gesellschaft am Rücken der eigenen Bevölkerung, im Rücken der Frauen und Mädchen in diesem Land hier zu akzeptieren.« (Krone TV, 8. März 2024)

»Es geht um das Signal an diejenigen, die vielleicht überlegen, unter 14 Jahren kann mir nichts passieren. Da nutze ich doch gleich die Gelegenheit. Hier ein Signal auszusenden, zu sagen, das akzeptieren wir als Gesellschaft nicht. Wenn du das versuchst, dann trifft dich, egal wie alt oder jung du bist, die volle Härte des Gesetzes. Ab zwölf Jahre, aber auch wenn sich jemand mit zehn Jahren dadurch auszeichnet, unter Anführungszeichen, dass er besonders brutal ist und dass er hier besonders widerwärtig vorgeht, dann muss uns auch hier der Schutz der Gesellschaft und das Verhindern von weiteren potentiellen Opfern wichtiger sein als das Schicksal dieses Einzelnen.« (Krone TV, 8. März 2024)

»Schluss mit dieser brandgefährlichen Kuscheljustiz! Während in Österreich beinahe schon täglich Vergewaltigungen durch Migranten-Banden zutage treten, werden die oft noch minderjährigen Täter von der Justiz mit Samthandschuhen angefasst. Der Schutz des Opfers muss uns wichtiger sein als das Schicksal der Täter.« (Facebook, 11. März 2024)

»Ausufernde Migrantengewalt, immer jüngere Täter und gefühlt dauernd liest und hört man von Fluchtversuchen von Häftlingen. Was ist nur aus unserem Land geworden? Die grüne Justizministerin Zadić versagt total. Wir lassen sie nicht so einfach davonkommen!« (Facebook, 14. März 2024)

»Wer körperverletzen, rauben, erpressen, vergewaltigen und morden kann, der kann und muss auch für seine Taten zur Rechenschaft gezogen werden – selbst wenn er noch nicht 14 Jahre alt ist! Die Vertreter der Kuscheljustiz sind in ihrem Elfenbeinturm ganz weit weg von den Bedürfnissen der Bevölkerung. Diese selbsternannten Eliten sind von den unmittelbaren Folgen ihrer falschen Politik auch nicht betroffen. Die einfache Bevölkerung muss das ausbaden. Deshalb steht in der Linksjustiz auch Täterschutz vor Opferschutz. Auch das muss dringend korrigiert werden. Es ist höchste Zeit für eine FPÖ-geführte Regierung mit einem Volkskanzler an der Spitze, denn das bedeutet auch eine Hinwendung zu den Opfern und eine strenge Hand für Gewalttäter, auch wenn sie noch Jugendliche sind.« (Facebook, 16. März 2024)

»Wir haben heute im Parlament einen Antrag eingebracht, der die Herabsetzung der Deliktsfähigkeit und der Strafmündigkeit auf 12 Jahre zum Ziel hatte. Ratet mal, wer diesen Antrag abgelehnt hat? Richtig, die ÖVP! Selbstverständlich haben sich auch SPÖ und Grüne der ÖVP angeschlossen. Und genau das ist das, was wir unter EINHEITSPARTEI verstehen. Diese Truppe meint es nicht gut mit Österreich. Sie schützen die Täter, anstatt die Opfer. Wahltag ist Zahltag!« (Facebook, 21. März 2024)

»Es war die Freiheitliche Partei, die schon vor rund einem Jahr im Parlament einen Antrag auf die Herabsetzung der Strafmündigkeit auf 12 Jahre gestellt hat. Und wenn nicht alle anderen Parteien in ihrer linken Verblendung das damals abgelehnt hätten, dann hätten wir jetzt eine Handhabe gegen diese Banden, dann wären sie schon hinter Schloss und Riegel. Wer schwere Körperverletzung begehen, wer rauben, erpressen, nötigen, vergewaltigen oder morden kann, der kann auch in den Häfen gehen. Das muss dann aber wirklich Strafcharakter haben. Bei uns packen es Leute aus Afghanistan oder sonst woher gar nicht, dass es ihnen bei uns im Gefängnis oft besser geht als in ihrer Heimat. In unseren Gefängnissen haben sie Fernsehapparate und PlayStations und alles, was dazugehört. Eine Strafe muss aber als solche erkennbar und spürbar sein. Diese Leute sollen am eigenen Leib erleben, was es heißt, Angst zu haben, was es bedeutet, unter Druck gesetzt zu werden.« (Kronen Zeitung, 24. März 2024)

»Ich würde die Betriebsregeln in Jugendgefängnissen verschärfen. Oder solche Leute, je nach Schweregrad des Verbrechens, in sogenannte Bootcamps stecken, wo sie Disziplin und Unterordnung lernen, wo sie auch lernen, füreinander Verantwortung zu übernehmen. Ich habe ein echtes Problem damit, wenn wir diese Debatte immer an der Resozialisierung aufhängen.« (Kronen Zeitung, 24. März 2024)

HERBERT KICKL
ÜBER KICKL

»Wenn eine Partei ein Schiff ist, dann bin ich lieber im Maschinenraum als beim Captains-Dinner.« (Kurier, 23. Februar 2012)

»Ich übersetze Populismus als Bürgernähe. Das ist ein Kompliment für mich.« (kurier.at, 7. Juni 2015)

»Aber der junge Jörg Haider hat mich als Schüler sicher interessiert. Das war alles ganz anders als bei meinen Lehrern, die fast alle links waren, auf eine billige Art links.« (Trend, 10. November 2017)

»Wir müssen die schweigende Mehrheit nur dazu bewegen, einmal in der Wahlzelle das Kreuz an der richtigen Stelle zu machen. Und dann kommt die Verantwortung wieder auf uns zurück. Denn dann schlägt für uns die Stunde der Wahrheit. Und das sollte jedem klar sein, der sich jetzt über diese Umfragen freut. Das wird ein Höllenritt, das wird ein Höllenritt. Man wird alle Hebel in Bewegung setzen, um uns wieder loszuwerden. Aber wenn wir das tun, was uns so weit gebracht hat, nämlich Seite an Seite mit der Bevölkerung, Schritt für Schritt die Dinge durchgehen, Unsinnigkeiten abstellen, die Hinwendung zum Volk und die Abwendung von falschen Propheten. Dann, glaube ich, können wir alles das, was negativ läuft, umdrehen.« (Auf1-Interview, 18. September 2023)

»Und könnt's mich beim Wort nehmen. Nicht eine Sekunde geht es um mich, geht es um diesen Herbert Kickl. Nicht eine Sekunde oder auch nicht um irgendeine Positionierung, sondern mir und der Freiheitlichen Partei, mir geht es um eine Zukunft in Sicherheit, voll Gerechtigkeit, mit Chancen, in Freiheit und im Wohlstand. Und das Ganze auf Basis von Ehrlichkeit, von Demut und von einem gegenseitigen Verhältnis des Respekts.« (FPÖ-Oktoberfest, 1. Oktober 2023)

»Diese Familie Österreich als Ort der Sicherheit, der Geborgenheit und der Zufriedenheit. Und an der Spitze, da soll dann diese Familie das gute Gefühl haben, dass da einer sitzt, ned a Feldwebel, ned a Kommandant, sondern einer, der für diese Familie ein guter Familienvater ist. Glück auf und danke fürs Zuhören.« (FPÖ-Oktoberfest, 1. Oktober 2023)

»Das, was mich antreibt, liebe Freunde, des, was mi antreibt, ist nichts anderes als der unbeugsame Wille, der unbeugsame Willen und die vollste persönliche Bereitschaft zu hundert Prozent, die vollste persönliche Bereitschaft, nichts anderes zu sein als eure Stimme und euer Sprachrohr, als euer Werkzeug und euer Instrument. Als euer Diener und euer Beschützer. Das ist es, was mich antreibt.« (FPÖ-Heimatherbst-Veranstaltung, 4. November 2023)

»Aber ich bin bereit, mich anzulegen mit all denjenigen, die ihre Macht und die ihre Möglichkeiten nicht dafür nutzen, euch zu helfen, euch ein besseres Leben zu ermöglichen, sondern um sich selber ihre Privilegien abzusichern und sich selber ein feines Leben zu machen.« (FPÖ-Heimatherbst-Veranstaltung, 4. November 2023)

»Aber ich sag euch a eines, weil mich immer wieder Leute darauf anreden, gestern wieder in Kärnten ganz viele und heute schon beim Einegehen, wenn mir die Leut sagen, ›Du, Herbert!‹ oder

›Herr Kickl!‹, ›passen S' auf sich auf, pass auf di auf‹. Manche sagen dazu, ›dass' da nit so geht wie dem Jörg‹, ja? Ich sag euch eines dazu: Fürchtet euch nicht. I fürcht mi a ned. Und fürchtets euch schon gar ned um mi. Den Mutigen gehört die Welt, liebe Freunde!«< (FPÖ-Heimatherbst-Veranstaltung, 4. November 2023)

HERBERT KICKL
ÜBER DIE KIRCHE

»Abendland in Christenhand« (FPÖ-Slogan EU-Wahl 2009)

»Die Leute, die jetzt gutmenschlich moralisierend gegen die FPÖ zu Felde ziehen, sollen erklären, in wessen Hand sie das Abendland denn gerne sähen.« Wenn es darum gehe, radikal-islamistische Hassprediger in die Schranken zu weisen, habe man von der vereinigten Moral-Mafia noch nie deutliche Distanzierungen und Verurteilungen vernommen. Wenn aber eine Partei es wage, sich zu einem von Christentum und Aufklärung geprägten Europa zu bekennen, fließe der Geifer der Gutmenschen in Strömen. (Presseaussendung, 11. Mai 2009)

»Das Kreuz steht als Symbol für eine abendländische Tradition, die eine Spannweite vom Humanismus bis hin zur Aufklärung in sich vereint, und für ein Menschen- und Gesellschaftsbild, das frei, selbstbestimmt und demokratisch ist. Es hat alle Totalitarismen überstanden.« (Presseaussendung, 22. Mai 2009)

Erstaunlich sei auch, dass die Caritas als Teilorganisation der Kirche der Islamisierung Österreichs Vorschub leiste. Gerade jetzt, da die Kirche den einwandernden Moslems so großzügig helfe, müsse es doch auch möglich sein, diese zu missionieren, so Kickl. (Presseaussendung, 13. September 2015)

»Für Österreich mit Herz und Seele. So wahr mir Gott helfe« (FPÖ-Slogan Bundespräsidentschaftswahl 2016)

»Hassprediger und Staatsfeind wirst du auch, wenn du dich anlegst mit den Mächtigen in diesem Land, mit denen, die glauben, sie sind wichtiger als die anderen. Der Herr Kardinal ist ein solches Beispiel. Ich hab ihm g'sagt, mit mir, Herr Kardinal, gibt es keine Extrawürste, was die Abschiebungen betrifft, weil sie immer wieder kommen san und interveniert haben, dass man den einen oder anderen von den Afghanen oder so was, die einen rechtskräftig negativen Bescheid haben, dass man sie nicht abschieben soll. Und da hat man g'sagt, ›san S' doch amal ein bissl menschlich, Herr Minister‹. Da hab ich g'sagt, ›san Sie amal a bissl menschlich bei der Kirchensteuer, liebe Freunde‹. Weil wenn du die ned zahlt hast, steht ein paar Wochen später der Exekutor vor der Tür.« (FPÖ-Wahlkampfabschlussveranstaltung, 27. September 2019)

»Ich habe nie ein Geheimnis daraus gemacht, dass ich ein gläubiger Mensch bin. Das ist mir sehr, sehr wichtig. Die Kreuze sind ein Zeichen dafür und ich glaube, dass es gut ist, auch den Beistand von oben zu erbitten, wenn's dann auch um wichtige Entscheidungen geht. Und wenn Sie nach dem Beten fragen: Ja, ich bete sehr oft und ich sage Ihnen auch, es ist mir immer geholfen worden.« (Krone TV, 1. September 2023)

»Da mischt sich der Staat in Bereiche ein, die ihn überhaupt nichts angehen. Und so geht es dann weiter: auf Kriegsfuß mit dem Begriff der Nation. Das ist ja überhaupt das Allerschlimmste. Damit natürlich auch auf Kriegsfuß mit dem Nationalstaat und am Ende auf Kriegsfuß mit dem Herrgott. Ja. Das ist diese ganze kommunistische Geschichte, wo man versucht, den Menschen zu entwurzeln, von ganz unten bis ganz oben, um darauf ein neues System aufzusetzen.« (Auf 1-Interview, 18. September 2023)

»Im Unterschied zu Nehammer habe ich meine Wurzeln und meine Herkunft nicht vergessen. Und ich bin unglaublich dankbar, dass ich sehr, sehr oft in meinem Leben Glück hatte und deshalb hier stehen darf. Das ist nicht nur meine Leistung, da brauchst auch viel Glück dazu. Da musst du die richtigen Leute treffen, dann musst du die richtigen Entscheidungen treffen. Ich glaube, du brauchst ein bisserl Unterstützung vom Herrgott. Alleine ist man für so etwas nie verantwortlich.« (FPÖ-Oktoberfest, 1. Oktober 2023)

»Heute ist Weihnachten und schwer bewaffnete Polizisten müssen etwa den Wiener Stephansdom bewachen, weil radikal-islamistische Anschlagspläne auf Weihnachtsmärkte und Gottesdienste bekannt geworden sind. Ja sogar Personenkontrollen sind mittlerweile notwendig geworden, um in Kirchen zu gelangen. Liebe Freunde! Ist das nicht traurig? Ein Land, das seine Grenzen nicht schützt, ist dazu gezwungen, Christen in und um Gotteshäuser zu schützen. Ein Land, das seine Grenzen nicht verteidigt, muss plötzlich seine Gotteshäuser verteidigen. Wie weit haben wir es gebracht? Nur weil die schwarz-grüne Regierung und die rot-pinke Scheinopposition in der Zuwanderungsfrage völlig versagt haben, muss die Polizei auch zu Weihnachten dieses Versagen ausbaden. Wie schäbig sind diese Politiker eigentlich? Hauptsache diese Politiker können ein unbeschwertes Weihnachten verbringen und müssen die Fehler ihrer falschen Politik nicht ausbaden … Das ist NICHT normal!« (Facebook, 24. Dezember 2023)

HERBERT KICKL
ÜBER KLIMAPOLITIK

»Der Klimawandel darf niemals ein anerkannter Asylgrund werden. Wenn das Schule macht und dieses Signal in den betroffenen Ländern Afrikas ankommt, dann brechen endgültig die Dämme und Europa samt Österreich wird auch noch mit Millionen von Klimaflüchtlingen überflutet. Dann war der größte Dammbruch der Erdgeschichte vor mehr als fünf Millionen Jahren, als der Atlantik die Felsbarriere bei Gibraltar ins ausgetrocknete Mittelmeerbecken durchstieß, im Vergleich dazu ein mittelmäßiger Erdrutsch.« (Presseaussendung, 22. September 2017)

»Nach dem Corona-Wahnsinn ist zu befürchten, dass die Regierenden nahtlos mit den Klima-Verboten und -Schikanen weitermachen.« (Telegram, 30. Juli 2021)

»Wenn wir über die Klimasache reden, dann müssen wir wissen, dass wir die Bilder, die wir von der Gletscher-Ausdehnung alle kennen und ich kenne die alle sehr gut, weil das ist die Zeit, wo dann die Fotografie massiver eingesetzt hat und wo all diese Führer-Literatur zum Beispiel im Zusammenhang mit den hohen Gebirgen entstanden ist, dass diese Gletscher-Ausdehnung dann in einer Zeit entstanden ist, als wir quasi das Ende einer, einer Eiszeit gehabt haben. Das heißt, der Gletscher war sehr, sehr weit ausgedehnt. Da können Sie nicht hergehen und sagen, das ist der Normalzustand, sondern das war eine Phase der Klimaentwicklung und es gibt andere Phasen der Klimaentwicklung. Der Gletscher hat sich wieder zurückgezogen und möglicherweise wird es wieder Phasen geben, wo sich der Gletscher ausdehnt. Ich darf nur daran erinnern, in den 70er Jahren – auch das weiß ich noch sehr gut – haben die Klimaforscher weltweit vor einer neuen Eiszeit und vor einem Vorstoß der Gletscher gewarnt.« (ORF-Sommergespräch, 23. August 2021)

»Wenn ich mir anschaue, welche Dinge die Europäische Union da in kürzester Zeit sich vorgenommen hat, was man da nicht alles auf den Weg bringen will und Österreich mit dabei, und dann setze ich das in Relation zum Ausstoß von CO_2 zum Beispiel weltweit, dann merke ich, dass die Europäische Union gerade einmal für acht Prozent des CO_2-Ausstoßes in der Welt zuständig ist. Die Chinesen kümmert das überhaupt gar nicht, die Amerikaner kümmert es wenig, Indien kümmert das wahrscheinlich am allerwenigsten. Und dann glauben Sie ja doch nicht wirklich, dass Sie mit einer klitzekleinen Veränderung in Österreich, die gleichzeitig Wohlstand, Arbeitsplätze und Ähnliches aufs Spiel setzt, dass Sie damit etwas bewirken können.« (ORF-Sommergespräch, 23. August 2021)

»😡 Gratulation an die Klebe-Idioten! Wie könnt ihr eigentlich noch ruhig schlafen? An euren Händen klebt Blut. Wie viele Menschen müssen noch sterben, bevor es endlich ein hartes Vorgehen gegen diese Klima-Deppen gibt? Es reicht jetzt endgültig!« (Telegram, 4. November 2022)

»Der aktuelle Anschlag auf ein Klimt-Kunstwerk zeigt die zunehmende Radikalisierung der Klima-Deppen auf. Mit diesem Klima-Klebe-Schwachsinn muss endgültig Schluss sein. Es braucht eine Null-Toleranz-Politik gegen Klimaterroristen. Die Täter sind mit der vollen Härte des Gesetzes zu bestrafen, gleichzeitig müssen diese

Klimaterroristen engmaschig vom Verfassungsschutz beobachtet werden!« (Telegram, 5. November 2022)

»Sofort raus aus Öl, liebe Freunde, das ist keine vernünftige Energiestrategie. Das ist vielleicht ein guter Neujahrsvorsatz für unseren Vizekanzler, dort passt das. Damit dann nicht jeden Tag Tag der Fahne ist, sondern nur ein Mal im Jahr.« (Kickl über Vizekanzler Werner Kogler, Aschermittwochrede, 22. Februar 2023)

»Ich bin froh, dass die Polizei jetzt einen Strategiewechsel vollzogen hat und sie überall dort picken lässt, wo sie niemanden stören. Ich tät ja noch Superkleber draufschütten und dann eine Webcam installieren und dann schauen, wie die Natur ihr Werk erledigt. Irgendwann gehen's dann freiwillig.« (Kickl über Klimakleber, Aschermittwochrede, 22. Februar 2023)

»Wir sind nicht dabei bei einem Projekt, das unter dem Vorwand, angeblich das Klima retten zu wollen, unsere eigene Umwelt zerstört, indem ma sämtliche Berggipfel und Flächen in Österreich mit Windradln möbliert. Ihr müsst euch amal anschauen, was das für eine Bodenversiegelung ist. Was das für ein Eingriff in die Natur, in die Pflanzen – und in die Tierwelt ist. Und wann ka Wind geht, dann nutzen ma Windradln a nix. Hundert Mal null ist immer noch null.« (Rede, 1. Mai 2023)

»Liebe Freunde, auch wenn das diese Leute nicht begreifen. Nein. Wir wollen diese nächste Alternativlosigkeit nicht haben. Wo es jetzt heißt, alles, was fossil ist, ist des Teufels. Alles, was fossil ist, muss in ein paar Jahren beseitigt werden. Liebe Freunde, wenn wir dieses Programm durchziehen, dann werden wir alles ruinieren, was wir uns wirtschaftlich erarbeitet haben. Und der CO_2-Ausstoß wird sich nicht verringert haben, weil das, was wir eingespart haben, blasen die Chinesen, die Inder und andere in zehnfacher Menge hinaus. Wie verrückt muss man sein, um ein solches Projekt voranzutreiben? Diese Leut gehören ned g'wählt, die des wollen, die gehören entmündigt aus meiner Sicht. Das wäre die richtige Antwort zu dieser Klimawende.« (Rede, 1. Mai 2023)

»So wie diese Klimakleber. Eine kleine Gruppe, die einen Riesenkrawall machen, sodass man glaubt, das ist eine gigantische Bewegung. In Wirklichkeit san des a paar Versprengte. Ein paar Irrgeleitete, die halt ihre Freund' an wesentlichen Stellen haben, in den Medien und im Bildungssystem und damit erscheinen die alle riesengroß.« (Rede, 1. Mai 2023)

»Und die einfachsten und schnellsten Maßnahmen, die wir setzen können, sind, dass wir steuerliche Belastungen, die aus meiner Sicht vollkommen unsinnig sind, weil nur ideologisch motiviert im Zusammenhang mit CO_2, dass wir das alles wieder rückgängig machen und dass wir von den Mieten bis hin zu den Lebensmitteln wirklich den Menschen durch Preisregulierung helfen.« (Auf1-Interview, 18. September 2023)

»Und da rede ich von diesem Klima-Kommunismus. Warum alles auf eine Karte setzen? Dieser Wahnsinn, Gasheizungen außereißen, Ölheizungen außereißen, das ganze Tankstellensystem umstellen, weil es elektrisch gehen soll. Aber Strom haben wir keinen in einer stabilen Zusammensetzung und in der verfügbaren Menge. Da ist es ja viel g'scheiter, wenn ma an Mix mocht. Es soll ja ruhig Elektroautos geben, wo das funktioniert. Aber tun wir doch bitte nicht den Verbrennungsmotor, Hochtechnologie über Jahrzehnte entwickelt, tun wir den doch bitte nicht verteufeln. Mit dem fahr ma noch lang immer noch viel besser als mit jedem Elektroklumpert aus China. Nutzen wir die Möglichkeiten, die ma im eigenen Land haben. Ja, wenn wir schon a Erdgas unter unserem eigenen Boden haben, dann benutz ma's doch, wenn wir damit 20 bis 30 Jahre die Energieversorgung sicherstellen können. Bis dahin hat die Technik auch schon wieder Fortschritte gemacht. Das ist tausendmal g'scheiter, sauberer und vernünftiger als dieses LNG-Gas von den Amerikanern. Das mit irgendwelchen Schwertransport-Schiffen, die dann mit Schweröl angetrieben werden, über den Atlantik geschippert wird. Auch hier haben wir die besseren Antworten, wenn wir sagen, presst doch das CO_2 in tiefe Gesteinsschichten, so wie es die Norweger machen, so wie es viele nordische Länder machen.« (FPÖ-Oktoberfest, 1. Oktober 2023)

»Weil's diesen Öko-Wahnsinn vorantreiben, ihr kennt's des, wo man glaubt, dass man die Natur schützen muss oder das Klima schützen muss, indem man die Natur verschandelt und zerstört. Indem man jede Bergkette mit Windradln ›dekoriert‹, indem man eine gigantische Bodenversiegelung betreibt für ein jedes Windrad, das ist noch keinem Grünen aufgefallen, und gleichzeitig nur Zappelstrom produziert. Weil wenn ka Wind geht, gibt's kan Strom. Und die Batterien sind noch nicht erfunden, mit denen man das speichern könnte über einen längeren Zeitraum, wo bei mehr Wind an Überschuss produziert wird.« (FPÖ-Oktoberfest, 1. Oktober 2023)

»Hinaus aus diesem Klima-Kommunismus, wo ja ganz bewusst die Energie verteuert wird, damit man alle einipresst in diese Wind- und in diese Solarenergie.« (FPÖ-Heimatherbst-Veranstaltung, 4. November 2023)

»Die Weisung der grünen Justizministerin Zadić, wonach die Staatsanwaltschaft Wien von ihrer geplanten Beschwerde gegen die Enthaftung einer bereits amtsbekannten deutschen Klimakleberin Abstand nehmen soll, ist der eindeutige Beweis dafür, dass die Grünen der politische Arm der Klimaterroristen in unserem Land sind. Diese Terroristen haben offenbar Narrenfreiheit in unserem Land und werden von der Justizministerin auch noch beschützt.« (Facebook, 12. Dezember 2023)

HERBERT KICKL
ÜBER KOMMUNISMUS

»Wir sind aber bereit, im Interesse der österreichischen Bevölkerung den Kopf hinzuhalten. Und dazu gehört auch, dass wir unermüdlich für unsere Grund- und Freiheitsrechte kämpfen und uns klar gegen jene Ungerechtigkeiten aussprechen, die mit dem schwarz-grünen ›Gesundheitskommunismus‹ den Österreichern zugemutet werden. Die haben nämlich weniger mit der Bekämpfung des Virus zu tun als mit der Errichtung eines Überwachungsstaates nach dem Vorbild der Kommunistischen Partei Chinas.« (Neue Freie Zeitung, 1. Juli 2021)

»Denn das Monster des Kommunismus kommt zurück als gutmenschlicher Meinungskommunismus, Gesundheitskommunismus, Asylkommunismus. Das Volk hat zu kuschen und muss alles ausbaden.« (Neue Freie Zeitung, 19. Jänner 2023)

»Und ich hätte auch das Muffensausen angesichts des Klima-Kommunismus, den Sie vorantreiben, der unsere Industrie gefährdet, unseren Wirtschaftsstandort gefährdet, der unsere Arbeitsplätze und damit die soziale Sicherheit aufs Spiel setzt. Und der Gewinner von dem ganzen Irrsinn ist nicht das Weltklima, sondern die Chinesen und die Inder, die sich überhaupt nicht pfeifen um den CO_2-Ausstoß.« (Rede, 1. Mai 2023)

»Gleichzeitig sagen wir immer, wir müssen an die Ursachen. Es hat alles auch seinen Grund. Es ist nicht vom Himmel gefallen. Das hängt an diesem Öko-Kommunismus, der da eine neue Art von Glaubenswahrheit geworden ist für viele. Dem müssen wir entschieden entgegentreten.« (Auf1-Interview, 18. September 2023)

HERBERT KICKL
ÜBER KUNST

»In der Kulturpolitik gibt es offenbar keinen Unterschied zwischen Rot auf der einen und Schwarz-Orange auf der anderen Seite«, kommentierte FPÖ-Generalsekretär Herbert Kickl die geplante Verleihung des Großen Österreichischen Staatspreises an »Schüttmeister« Hermann Nitsch. Diese Entscheidung zeige, dass der Ungeist der Frankfurter Schule und der Achtundsechziger auch im schwarzen und orangen Mäntelchen wehe, wie er wolle. (Presseaussendung, 6. Oktober 2005)

Dass man 50 Jahre nach der Wiedereröffnung des Burgtheaters Hermann Nitsch »die Möglichkeit bietet, dort seine Blutorgien zu zelebrieren«, ist für FPÖ-Generalsekretär Herbert Kickl ein kultureller Fauxpas allerersten Ranges und völlig inakzeptabel. Und es zeige, dass die »Kulturgewaltigen« dieses Landes nicht bereit seien, etwas dazuzulernen. (...) Was Hermann Nitsch im stillen Kämmerchen oder auf seinem Privatbesitz mache, bleibe ihm überlassen, auch wenn man die dort stattfindenden Tierschlachtungen wesentlich genauer untersuchen müsse, als das bislang der Fall gewesen sei. Dass man Nitsch aber das Burgtheater oder eine sonstige staatliche Bühne zur Darstellung seines bizarren Weltbilds zur Verfügung stelle, sei inakzeptabel.« (Presseaussendung, 18. November 2005)

Bezeichnend sind für FPÖ-Kultursprecher Herbert Kickl die islamistischen Proteste gegen den Ritterschlag für Salman Rushdie. Nach den gewalttätigen Ausschreitungen im Zusammenhang mit dem sogenannten Karikaturenstreit und den Aussagen von Papst Benedikt XVI. erhebe der islamische Fundamentalismus nun erneut sein hässliches Haupt und wüte gegen einen der bedeutendsten europäischen Schriftsteller, dem schon längst der Literaturnobelpreis gebühre. Kickl sieht dadurch aber auch alle Warnungen der FPÖ vor dem Islamismus bestätigt. Die Freiheit der Rede und der Kunst sei eines der höchsten Güter der europäischen Wertegemeinschaft.« (Presseaussendung, 22. Juni 2007)

Als »überflüssige Fleißaufgabe« eines Oscar-Preisträgers bezeichnet FPÖ-Kultursprecher Herbert Kickl die Ausführungen Stefan Ruzowitzkys zur angeblichen ideologischen Nähe der FPÖ zu nationalsozialistischem Gedankengut. »Möglicherweise handelt es sich dabei ja um die reflexartige Pflichterfüllung eines österreichischen Filmschaffenden. Das ändert nichts daran, dass die FPÖ Herrn Ruzowitzky zur großartigen Leistung, einen Auslands-Oscar nach Österreich gebracht zu haben, beglückwünscht.« (Presseaussendung, 28. Februar 2008)

Kickl findet es außerdem geradezu grotesk, wenn ausgerechnet ein Wiener Bürgermeister den Ausdruck »Wiener Blut« in einen Zusammenhang rücke, in den er nicht im Mindesten gehöre und damit ideologisch motivierte Geschichtsfälschung betreibe. Eigentlich hätte man auch von Michael Häupl erwartet, sinnerfassend lesen zu können. Der Begriff »Wiener Blut« habe aber auch schon gar nichts Rassistisches an sich, sondern sei Synonym für Wiener Kultur, Tradition und Eigenart, die durch politische Fehlentscheidungen einer abgehobenen roten Rathausabsoluten auf vielen Ebenen bedroht würden. Das Plakat thematisiere die Frage des Maßes bei der Zuwanderung, was die SPÖ aber mit ihren ideologischen Scheuklappen offenbar nicht begreifen wolle.« (Presseaussendung, 17. August 2010)

Als Ausdruck steigender Nervosität vor den zu erwartenden Stimmengewinnen der Freiheitlichen wertete FPÖ-Generalsekretär Herbert Kickl die Häufung an Verbalinjurien gegen FPÖ-Chef HC Strache. »An vorderster Front finden sich von den Regierenden angefütterte Staatskünstler, die sich derzeit offenbar bemüßigt fühlen, ihr Dasein am Futtertrog des öffentlich-rechtlichen Rundfunks durch wüste Beschimpfungen Straches zu rechtfertigen.« (Presseaussendung, 16. Februar 2015)

Jüngstes Beispiel sei der bereits in der Vergangenheit durch perverse 9/11-Verherrlichungen aufgefallene sogenannte »Rapper« Nazar, der Strache als »Hurensohn« bezeichnet habe. Offenbar habe sich Nazar auf diese Weise für sein Engagement durch den ORF beim Eurovision Song Contest bedanken und sich der SPÖ für weitere Wahlkampf-Kooperationen in Wien anbieten wollen, vermutet Kickl, für den Nazar eher ein Fall für den Psychiater als für eine Bühne ist. »Dass der ORF angesichts des bekannten 9/11-Eklats des Favoritener Schrumpf-Bushido überhaupt auf die Idee gekommen ist, diesen Herren zu engagieren, ist schon für sich ein Skandal. Wenn jetzt nach dem jüngsten Eklat keine Konsequenzen gezogen werden, macht der ORF damit seine Anti-FPÖ-Strategie auch im Bereich der Unterhaltung offenkundig.« (Presseaussendung, 16. Februar 2015)

»Offenbar gilt für diese ganzen linken Vögel: Je schiarcher und je hässlicher etwas ist und je undefinierbarer, desto größer und desto bedeutender ist des Kunstwerk. Das ist offenbar die Regel, das gilt. Und wenn die Bevölkerung sagt: ›Das kannst du dir nicht anschauen, des ist schiarch wie die Nacht finster, da kriegst du Augenkrebs, wannst hinschaust‹, ja dann geht die linke Schickeria erst so richtig in die Knie vor lauter Bewunderung. Und seht's ihr, ich sage euch das deshalb, weil das eine Unsitte unserer Zeit ist. Das ist eine Unsitte unserer Zeit. Des, was wirklich schön ist, des, was wirklich wahrhaftig ist, des, was wirklich erhaben ist, das wird oweg'macht, des wird niederg'macht, das wird als hinterwäldlerisch bezeichnet und der ganze Schund und der ganze Blödsinn und der ganze Dreck wird hochgelobt. Und das nenne ich, Politik gegen die eigene Bevölkerung zu machen, in dem Fall halt im Kunst- und Kulturbereich. Ich bin unglaublich froh darüber, dass der Dominik mir versprochen hat, wenn er Bürgermeister wird, dann wird dieser Schandfleck abgetragen. Dann such ma an neuen Platz, wo ma des aufstellen können. Da gibt's a paar Schrebergärten von den Sozialisten, da könnt ma des einestell'n oder in die Geisterbahn passat's a. Auf jeden Fall bitte nicht ins Herz von Favoriten oder sonst wohin, wo die Bevölkerung sich damit auseinandersetzen muss.« (Kickl über einen von der international renommierten Künstlergruppe Gelitin gestalteten öffentlichen Brunnen, der im Oktober 2023 in Wien-Favoriten eröffnet worden ist, FPÖ-Heimatherbst-Veranstaltung, 4. November 2023)

»Unser Kultursprecher Thomas Spalt räumt mit der bestens geförderten linken Kulturschickeria so richtig auf. 🫖 Eine Schickeria, die in Schulen und Kindergärten lieber Männer in Frauenkostümen auftreten lassen möchte, anstatt sich für das Christkind oder den Nikolaus einzusetzen. 😠« (Facebook, 18. Dezember 2023)

HERBERT KICKL
ÜBER LGBTIQ-PERSONEN

»Eine Gleichstellung homosexueller Partnerschaften mit der Ehe kommt für uns nicht in Frage«, stellte FPÖ-Generalsekretär Herbert Kickl heute klar. Gleichgeschlechtlichen Partnerschaften könne man zwar gewisse Rechte wie etwa das Besuchsrecht im Krankenhaus einräumen, aber eine Gleichstellung mit der Ehe wäre ein gesellschaftspolitisch völlig falsches und fatales Signal, meinte Kickl. »Ich kann mir auch beim besten Willen nicht vorstellen, dass die Österreicher das wollen.« (Presseaussendung, 16. Dezember 2005)

»Eine Zeremonie und damit auch von der institutionellen Form her eine Gleichstellung mit der Ehe ist ein Signal in die falsche Richtung«, meinte heute FPÖ-Generalsekretär NAbg. Herbert Kickl zur aktuellen Debatte um die Homo-Ehe. Daran könne auch die Tatsache nichts ändern, dass nicht das Standesamt Ort des Geschehens sei. Sexuelle Orientierung und Lebensgestaltung, die in der Freiheit jedes Einzelnen lägen und selbstverständlich anerkannt würden, seien das eine. Etwas ganz anderes sei jedoch die Frage, ob eine Gesellschaft die private Lebensentscheidung durch eine Zeremonie besonders würdigen und sie damit als gesellschaftlich privilegiert gegenüber anderen Formen des Zusammenlebens darstellen solle. Kickl sprach sich gegen Maßnahmen aus, die die Partnerschaft von Homosexuellen der Partnerschaft von Frau und Mann gleichstellten, aus der schließlich einzig und allein neues Leben entspringen könne. Hier müsse auch in der Symbolik ein Unterschied gewahrt bleiben, indem der besondere Stellenwert der Familie zum Ausdruck komme. Dieser könne sich nicht auf den Ort einer Zeremonie reduzieren. (Presseaussendung, 1. November 2009)

»Auch wenn die Homo- und Transgenderlobby wegen des Song-Contest-Erfolges ihrer Gallionsfigur völlig aus dem Häuschen ist und nun offenbar der Meinung ist, sich alles erlauben zu können, gelten noch immer ethisch-moralische Grundsätze und die Bestimmungen des Jugendschutzgesetzes«, betonte Kickl. »Die Abbildung eines nackten Transgender mit halberigiertem Penis widerspricht gleich in mehreren Punkten einschlägigen Bestimmungen«, mahnte Kickl die Exekution des Wiener Jugendschutzgesetzes ein. (Kickl über die Songcontest-Gewinnerin Conchita Wurst und ein Life-Ball-Plakat, auf dem eine Frau mit Penis zu sehen war, Presseaussendung, 14. Mai 2014)

»Normalos, das finde ich gut. Das sind die Leut', für die es noch einen Unterschied zwischen Mann und Frau gibt, die finden, der Staatsbürger soll noch etwas zählen, für die der Begriff ›Pflicht‹ nichts Verwerfliches ist.« (Falter, 22. April 2015)

»Wer will, dass die Familie bei uns gefördert wird und nicht von jedem Dach die Regenbogenfahne weht, der ist nicht rechtsextrem, sondern normal.« (Neue Freie Zeitung, 1. Juli 2021)

»Da habe ich einen anderen Ansatz, vielleicht ein bisschen naturrechtlich geprägt. Der Unterschied Mann und Frau, das sind zwei, die sozusagen in dieser Zweiheit die Vollkommenheit, nämlich beide Möglichkeiten zum Ausdruck bringen – und das ist auch der, der Grund, warum in diversen Konventionen immer von beiden Eltern die Rede ist und nicht von drei, vier oder fünf. Beide, das ist sozusagen das Zwei, das einmal aus Frau und einmal aus Mann besteht.« (Kickl über gleichgeschlechtliche Ehe, ORF-Sommergespräch, 23. August 2021)

»Man kann natürlich dem Zeitgeist frönen, man kann das überall auch mitmachen und glauben, man ist damit besonders modern, oder man kann auch eine andere Position einnehmen und das ist ja auch nichts Verwerfliches.« (Kickl über gleichgeschlechtliche Ehe, ORF-Sommergespräch, 23. August 2021)

»Zum Beispiel, wennst im Fasching an Mexikanerhut aufsetzt, dann begehst du das Verbrechen der kulturellen Aneignung. Es ist eine Tragödie, wann du heute bei die Heiligen Drei König an Schwarzen dabeihast. Das darfst du ja nicht mehr machen, weil dann bist du ein übler Rasist. Aber wenn du dich als Mann in Stöckelschuh eineschmeißt, dir eine Tuntenperücken aufsetzt, wannst da die Nägel lackierst und die Lippen anschmierst, in die Reizwäsch haust und in den Kindergarten Bücher vorlesen gehst, dann ist das keine Aneignung, sondern dann soll das der Gipfel des Fortschritts sein, liebe Freunde. Des is ja alls nimma normal. Das ist ja alles nicht mehr normal.« (Rede, 1. Mai 2023)

»Ich bin neugierig, wie lange es noch dauert, bis einem das Wort ›normal‹ verboten wird.« (Profil, 18. Juni 2023)

»Die Linken greifen die Familie dadurch an, dass sie sagen: ›Nein, die Naturwissenschaft zählt nicht. Zwei Geschlechter, des is a Blödsinn. Wir brauchen fünf, sechs.‹ Und ich hab schon Varianten gesehen bis zu 27. Und in Deutschland kannst du dir in der Zwischenzeit schon jedes Jahr das Geschlecht neu aussuchen und eintragen lassen in deine Dokumente, je nachdem, wie du dich fühlst.« (FPÖ-Heimatherbst-Veranstaltung, 4. November 2023)

»Jetzt haben wir das Adoptionsrecht für die Gleichgeschlechtlichen. Der Nächste wird daherkommen und wird sagen: ›Ja Moment einmal, warum muss denn eine solche Ehe aus zwei Leuten bestehen? Warum kann i ned mein ganzen Harem mitbringen und bin gleichberechtigt? Warum gilt des ned für meine fünf Frauen, die ich zu Hause in Afghanistan habe?‹ Und die Linken werden sagen: ›Ja warum gilt dieses Modell nicht für meine Kommune, die ich gründen möchte nur zum Kindeswohl und für die sexuelle Befreiung aller Beteiligten?‹ Und wann man des amal aufmacht, dann kriegt man diese Tür nicht mehr zu. Und, liebe Freunde, das hat nichts mit Fortschritt und Modernität zu tun, sondern des ist anfach nur dumm und das ist eine Form der moralischen und intellektuellen Verwahrlosung, gegen die wir ankämpfen. (FPÖ-Heimatherbst-Veranstaltung, 4. November 2023)

»Bei einem freiheitlichen Volkskanzler gibt es keine Regenbogenfahnen mehr auf einem Regierungsgebäude. Da häng ich ja vorher noch die Piratenfahne auf!« (FPÖ-Heimatherbst-Veranstaltung, 4. November 2023)

HERBERT KICKL
ÜBER MEDIEN

»Es ist ein Skandal der Extraklasse, wenn die Zwangsgebührenzahler täglich von früh bis spät die Agitation und Propaganda vom rot-schwarzen Gesellschaftssystem im ORF serviert bekommen.« (Presseaussendung, 27. März 2015)

»Servus TV entspricht in seiner Programmgestaltung und seinen Inhalten in weiten Teilen deutlich mehr dem Anspruch an einen öffentlich-rechtlichen Sender als der von Zwangsgebühren genährte ORF.« (Presseaussendung, 3. Mai 2016)

»Der ORF ist kein Privatunternehmen, sondern er wird von Zwangsgebühren der Konsumenten finanziert. Das sehen einige der handelnden Personen offenbar anders, missbrauchen deshalb den ORF als privates Meinungsmache-Vehikel und messen gern mit zweierlei Maß. Der Maßstab ist dabei nicht der Informationswert, sondern die eigene politische Positionierung. Denn wie sonst kann es sein, dass die ZIB 2 zwar minutenlang über die Entscheidung der KommAustria bezüglich der Beschwerde Norbert Hofers wegen der Tempelberg-Berichterstattung berichtet hat, aber darüber, wie das österreichische Staatsoberhaupt das islamische Kopftuch quasi zum Symbol der Freiheit umdeutet und fast in einem Atemzug den Holocaust verharmlost, den Mantel des Schweigens ausbreitet«, so

Kickl, der erneut einen »Unabhängigkeits- und Transparenzcheck« für ORF-Mitarbeiter, die Nachrichten-, Informations- und Wirtschaftsformate gestalten und/oder moderieren, forderte. (Presseaussendung, 30. April 2017)

»Weil ich da grad auch Journalisten von *Profil* sehe, die haben mich ja auf der Titelseite abgebildet. Ganz a schiarches Foto ham's g'nommen, ganz, ganz schiarch. Also der Scheenste bin i ned. Des waaß i a. Aber so a schiarches hät ma ned machen müssen. Ganz finster, dass sie die Leut fürchten. Sie haben ned bedacht, dass dann keiner mehr das Heftl kauft. I hab ihnen eh g'sagt, ihr seids echte Helden. Mei Foto gebt's drauf und dann schreibts Hassprediger drunter. An richtigen Hassprediger trauts euch eh ned draufgeben aufs Cover, weil's Angst habts, dass euch dann a Bombn in die Redaktion fliagt. So viel zum Heldentum der Medien.« (FPÖ-Wahlkampfabschlussveranstaltung, 27. September 2019)

»Die Kasperln vom ORF und meine politischen Gegner können mir nicht wehtun. Im Gegenteil: Wenn die mich loben würden, hätt ich etwas falsch gemacht.« (Neue Vorarlberger Tageszeitung, 22. Februar 2020)

»Österreich hat sich am Donnerstag im Nationalrat durch die Zensur russischer Nachrichtensender auf dasselbe Niveau begeben wie das zu Recht kritisierte Russland.« (Telegram, 26. März 2022)

»Liebe Freunde, diese drei Buchstaben ORF, das steht im Jahr 2023 nach all den Erfahrungen mit der Corona-Berichterstattung, die wir erlebt haben, für Folgendes: O für Organisierte, R für Regierungs- und F für Fake News.« (Kickl über den öffentlich-rechtlichen Rundfunk, Aschermittwochrede, 22. Februar 2023)

»Also die Regierung und der ORF, die packeln miteinander, die machen miteinander einen faulen Deal zulasten Dritter. Und diese benachteiligten Dritten, das sind die Zwangsbeglückten, die, die diese Steuer dann zahlen müssen, auch wenn sie keine Millisekunde von diesem Programm konsumieren. Und es sind natürlich diejenigen, die einen Wettbewerbsnachteil in der Auseinandersetzung mit dem ORF erleben. Das ist Ihre Medienpolitik. Aber es passt zu dieser Spur der Verwüstung, die Sie durch das ganze Land ziehen.« (Rede im Parlament, 5. Juli 2023)

»Meine Damen und Herren! Wir lernen daraus: Wirtschaftlicher Misserfolg wird von dieser Regierung belohnt, anstatt dass es zu Konsequenzen führen würde, anstatt dass man im Unternehmen sozusagen alles auf den Kopf stellt und einen neuen Ansatz wählt. Und jetzt kommt noch die interessante Frage: Ja, was finanzieren denn die Zwangsbeglückung und was finanzieren denn die Leute, die sich nach Ihrem Ermessen darüber freuen dürfen, dass sie jetzt einen demokratiepolitischen Beitrag leisten in Form dieser Zwangssteuer? Was finanzieren die denn eigentlich dafür, dass sie keine Sekunde dieses Programm auch ansehen? Zum einen finanzieren sie damit das Fortleben und den Fortbestand dieses Systems, das ich jetzt skizziert habe, am Beispiel von zwei Führungspersönlichkeiten. Diese, diese Finanzierung von unglaublichen parteipolitischen Bonzen und Privilegienrittern. 14 ORF-Direktoren an der Zahl, 14 an der Zahl mit einem durchschnittlichen Einkommen von 225.000 Euro im Jahr. Und ich muss Ihnen ganz ehrlich sagen, ich bin deswegen so sauer, weil ich das Wirken des einen oder anderen auch kennengelernt habe. Diese Herrschaften tun nämlich nichts anderes, als ab dem Moment, wo sie gewählt worden sind, dafür zu lobbyieren, das nächste Mal wiedergewählt zu werden. Und der Ort dafür, das sind die VIP-Veranstaltungen dieses Landes im Sommer und im Winter. Überall, wo es ein teures Buffet und eine VIP-Lounge gibt, die etwas auf sich hält, da sind die mit dabei. Das ist die Tätigkeit der Direktoren. Keine

Spur von Transparenz. 160 Millionen Euro liegen da irgendwo auf einem seltsamen Depot für Golden Handshakes und so weiter.« (Rede im Parlament, 5. Juli 2023)

»Keine Spur von Transparenz. Ja, was ist denn mit den Grünen? Die wollen es doch immer ganz genau wissen? Alles wurscht, eine Blackbox, um weiße Elefanten im ORF zu finanzieren. Das alles wird weiter finanziert. Sie finanzieren damit, liebe Österreicherinnen und Österreicher, natürlich eine objektive und unabhängige Nachrichteninformation, nicht? Das ist ja das Herzstück des österreichischen Rundfunks. Ich mein, die Wahrheit ist: Wir haben es mit etwas zu tun, was nicht nur weltanschaulich irgendwo sozusagen ein bisserl eingefärbt wäre. Das wäre ja noch die harmlose Variante. Sondern wir haben es da ja mit etwas zu tun, das regelrecht vor politischer Korrektheit, vor Woke-Wahnsinn von der linken Seite nur so trieft. Und wenn es das nicht ist, dann lässt sich der ORF ja nur allzu gerne einspannen als Propagandainstrument der Mächtigen. Dann hat man das nicht verinnerlicht, was die Journalisten sonst wie eine Monstranz vor sich hertragen: dass man das kritische Element gegenüber den Mächtigen ist. Nein, doch nicht der willfährige Diener und ein hilfreiches Werkzeug zur Unterdrückung und Manipulation der eigenen Bevölkerung.« (Rede im Parlament, 5. Juli 2023)

»Sie finanzieren mit, möchte ich einmal sagen, ein paar abgehalfterte und abgetakelte Spaßmacher, Kabarettisten, Satiriker, die, glaub ich, alle schon die Inventarnummer des ORF irgendwo eintätowiert haben. Die aber nur ein Programm zustandebringen, wo jede, wirklich jede Faschingssitzung in jedem kleinen Dorf lustiger ist als das, was diese Herrschaften um teures Geld produzieren. Sie finanzieren mit stinklangweilige Talk-Formate, die die Privaten viel, viel besser können. Sie finanzieren mit eine Liveübertragung der Pride-Parade, wahrscheinlich die neueste Interpretation der Erfüllung des

Bildungsauftrags. Und so weiter. Und so weiter. Das alles wird mit dem Geld gemacht, das jetzt als Zwangssteuer eingehoben wird.« (Rede im Parlament, 5. Juli 2023)

»Wenn ich das nächste Mal hingeh, dann hab ich eine richtig gute Quote. Weil dann will jeder schau'n, was i mit der Frau Milborn aufführe.« (Kickl über die Puls-4-Moderatorin Corinna Milborn, FPÖ-Heimatherbst-Veranstaltung, 4. November 2023)

»Und das ist dieses grausliche System der Verhaberung aus Politik und Medien, unter dem auch dieses Land leidet. Die einen lügen wie gedruckt und die andern drucken die Lügen. Das ist die Arbeitsteilung zwischen den beiden, das ist das System in Österreich.« (Kickl über die österreichischen Medien, FPÖ-Heimatherbst-Veranstaltung, 4. November 2023)

»Die ORF-Bonzen kassieren Luxus-Gagen, während die Österreicher unter der Rekordteuerung leiden und dem ORF im Jahr 2024 auch noch per Zwangs-Haushaltsabgabe das Luxusleben finanzieren dürfen.« (Facebook, 16. Dezember 2023)

»Dass der ORF immer mehr zum Propagandaorgan der ökokommunistischen Klimasekte verkommt, ist leider nichts Neues.« (Facebook, 18. Dezember 2023)

»Das ist ›Extremismus-Expertin‹ Julia Ebner! Sie durfte über das mit der Zwangssteuer finanzierte Propagandaorgan namens ORF ihre wilden, autoritären und jenseitigen Ansichten von sich geben. Ein klarer Fall für den ORF-Stiftungsrat und den Publikumsrat! Wer für Demokratie, Freiheit und Selbstbestimmung eintritt, wird von der Dame zur angeblichen ›Gefahr für die Demokratie‹ erklärt. Obendrauf will sie Herbert Kickl auch noch von der Ausübung politischer Ämter ausschließen. Der ORF ist einmal mehr Propaganda-Orgel des Systems und der Einheitspartei geworden. Wie kommen die Österreicher dazu, dass sie eine solche wüste Propaganda auch noch per Haushaltsabgabe finanzieren müssen? Was kommt als Nächstes?« (Telegram, 20. Jänner 2024)

»Jan Böhmermann hat am Freitagabend ganz offensichtlich zur Tötung von Politikern der FPÖ und AfD aufgerufen. Die ganze Sendung war übersät mit Gleichsetzungen von NSDAP, FPÖ und AfD, auch ein Musikvideo gab es – und zwar mit dem Liedtext: ›I schlog wen tot für Rot-Weiß-Rot – I bin a echter Patriot.‹ Die Krönung gab es dann zum Abschluss – Böhmermann verabschiedet sich mit den Worten: ›Nicht immer die Nazi-Keule rausholen, sondern vielleicht einfach mal ein paar Nazis keulen.‹ Zur Info: Keulen wird vom Duden wie folgt definiert: ›Nutztiere töten, um Tierseuchen zu verhindern oder einzudämmen.‹ Böhmermanns Auftritt ist der absolute Wahnsinn und hat mit Satire NICHTS zu tun. Wo bleibt der Aufschrei des Bundespräsidenten? Wo bleibt der Aufschrei aus den anderen Parteien, die der FPÖ immer Hass und Hetze unterstellen? Oder muss das geduldet werden, weil es von den vermeintlich »Guten‹ kommt? Sind das die Vorzeige-Demokraten, die sich das System und die Eliten wünschen? Einfach widerlich!« (Telegram, 17. Februar 2024)

»Kaum ein Tag vergeht, wo es zu keiner Kuriosität aus dem ›Hause ORF‹ kommt. Ob ORF-Zwangssteuer, einseitige Berichterstattung, eine Bühne für linkslastige ›Pseudo-Experten‹, grünideologische Klimapropaganda oder Luxusgagen für die Chefetage: Im ORF liegt vieles im Argen. Als einzige politische Kraft stehen wir Freiheitliche für eine Abschaffung der ungerechten ORF-Zwangssteuer und eine Totalreform des ORF.« (Telegram, 26. März 2024)

HERBERT KICKL
ÜBER MENSCHENRECHTE

»Der Europäische Gerichtshof für Menschenrechte (EGMR) ist, wie sich nicht das erste Mal zeigt, in vielen wesentlichen Fragen fehlbar«, so kommentierte heute der freiheitliche Generalsekretär Herbert Kickl das absurde Urteil der Straßburger Richter gegen das Kreuz in Schulklassen. Damit beweise die europäische Tintenburg einmal mehr, wie weit sie von den Bürgern entfernt sei, so Kickl. Was in anderen EU-Gremien mit Glühbirnenverboten, Lautstärkenbegrenzungen für Dudelsäcke und ähnlichem Schwachsinn seinen Anfang nähme, finde beim EU-Gerichtshof für Menschenrechte mit der Verbannung des Kreuzes einen absurden Höhepunkt. »Die EU arbeitet offenbar mit Vorliebe daran, jenes Europa, das sie vorgibt zu verteidigen, mit der Wurzel auszureißen und zu beseitigen«, kritisierte Kickl. Es sei untragbar, dass Richter, die weder vom Volk gewählt seien, noch sonst irgendeine demokratische Legitimation vorweisen könnten, mit einem Federstrich jahrhundertelange Traditionen, kulturelle Identitäten und Werte unter dem Deckmantel der Toleranz, die völlig falsch verstanden sei, wegwischen könnten, so Kickl. (Presseaussendung, 4. November 2009)

»Die Europäische Menschenrechtskonvention ist nicht dazu geeignet, die Völkerwanderungsproblematik in den Griff zu kriegen. Sie muss entweder auf EU-Ebene erneuert oder durch eine ›Österreichische

Menschenrechtskonvention‹ ersetzt werden. Sonst wird das hohe Gut Asyl dauerhaft zum Einfallstor für die illegale Masseneinwanderung«, so heute FPÖ-Generalsekretär NAbg. Herbert Kickl. Die Europäische Menschenrechtskonvention stamme aus den 60er Jahren, aus der Zeit des »Eisernen Vorhangs«. Sie sei nicht mehr zeitgemäß und bilde die Grundlage für eine exzessive Auslegung der Asylbestimmungen durch den Europäischen Gerichtshof für Menschenrechte, der mit seinen Urteilen quasi gesetzgebend wirke, so werde etwa Homosexualität als Asylgrund anerkannt. »Was gut und richtig war in Zeiten, als es um die Aufnahme Einzelner ging, funktioniert nicht mehr, wenn sich Massen von Menschen auf der Suche nach einem ›besseren Leben‹ von einem anderen Kontinent aus nach Europa aufmachen. Die Europäische Menschenrechtskonvention muss auf die Höhe der Zeit gebracht werden. Wenn das nicht auf EU-Ebene gelingt, dann muss Österreich eben seinen eigenen Weg gehen und dem Beispiel Großbritannien folgen«, fordert Kickl. In diesem Zusammenhang bereite die FPÖ auch das Volksbegehren Österreich zuerst, Teil II, vor, das als patriotisches Paket auch die Eckpunkte einer »Österreichischen Menschenrechtskonvention« beinhalte. So seien den Betroffenen Hilfe und Schutz primär am eigenen Kontinent zu gewähren. Das Asylrecht müsse wieder entsprechend seiner ursprünglichen Bedeutung gehandhabt werden, als Schutz auf Zeit, nicht als Recht auf Einwanderung. Und wer illegal nach Österreich einreise, verwirke automatisch sein Recht, einen Asylantrag in Österreich zu stellen. Asylwerber seien bis zum Abschluss des Asylverfahrens zu kasernieren, statt sie im ganzen Land ohne Rücksicht auf die eigene Bevölkerung zu verteilen. (Presseaussendung, 23. August 2015)

»Für Illegale gelten die Menschenrechte uneingeschränkt, für die Österreicher werden sie nach Lust und Laune der Koalition ausgehebelt.« (Neue Freie Zeitung, 23. Dezember 2021)

»Ich habe in Zusammenhang mit der Asylpolitik gesagt: Hier brennt das Haus, und dort liegt der Schlauch zum Löschen. Aber wir dürfen nicht zum Schlauch greifen, weil es uns internationale Regeln und Gerichtshöfe verbieten, angeblich im Interesse der Menschenrechte.« (Profil, 18. Juni 2023)

»Schauen Sie, weil den Handelnden letztendlich der Mut fehlt, sich über aus meiner Sicht kontraproduktive und aus der Zeit gefallene Regelungen der Europäischen Union, der Europäischen Gerichte und so weiter hinwegzusetzen und diese Leute einfach nach Afghanistan und nach Syrien zurückzubringen. Zwischen diesem Wollen und zwischen der Durchführung steht dieses Regelwerk, ja, der sogenannte Schutz dieser Menschen, dieser Völkerwanderung. Aus meiner Sicht geht dieser Schutz schon längst am Ziel vorbei. Das war auch der Grund, warum wir gesagt haben, dass Österreich sich hier eigene Schritte überlegen muss.« (Pressekonferenz, 15. November 2023)

HERBERT KICKL
ÜBER DIE NEUTRALITÄT

»Es ist bestürzend, wie schrecklich es bereits um die ÖVP bestellt ist. Stimmen aus dieser Partei fordern ernsthaft das Ende der Neutralität, ohne sich der Folgen für Österreich bewusst zu sein. Wir würden dann wohl rasch im Militärbündnis der NATO aufwachen! Wollen wir das? Die FPÖ sagt NEIN!« (Telegram, 7. März 2022)

»Österreich ist ein neutrales Land. Dass Präsidenten von Ländern, die derzeit aktiv in kriegerische Auseinandersetzungen involviert sind, dort Ansprachen und Reden halten, ist ein absolutes Unding. Es ist dabei auch egal, ob es sich dabei um den ukrainischen Präsident Selenskyj, den russischen Präsident Putin oder einen anderen Präsidenten handelt.« (Kickl zur Rede des ukrainischen Präsidenten Selenskyj im österreichischen Parlament, Telegram, 24. März 2022)

»Nahezu ein Jahr ist es her, dass die Russische Föderation völkerrechtswidrig die Ukraine angriff. Seit fast zwölf Monaten tobt der unerbittliche Krieg zwischen den beiden osteuropäischen Staaten. Und es ist kein Ende der Kriegshandlungen in Sicht. Österreich hätte als neutraler Staat niemals in diese Kriegstreiberei einstimmen dürfen.« (Telegram, 23. Februar 2023)

»Verantwortungslose Politiker einer Einheitspartei zerstören Hand in Hand dieses große und eigentlich unschätzbar wertvolle Neutralitätserbe der Republik Österreich.« (Telegram, 30. März 2023)

»Wir brauchen mehr Neutrale und ein Neutraler, das ist kein Anwalt für eine der beiden Seiten, weder für die Russen noch für die Ukrainer, sondern das ist ein Mediator. Das ist einer, der beiden zuhört, weil wir ja irgendwie weiterkommen müssen. Und ich kann auf gewisse Weise beide verstehen, aber ich kann es nicht gutheißen, was da getrieben wird. Und die Aufgabe eines österreichischen Politikers ist es sowieso, den negativen Impact auf die eigene Bevölkerung so klein wie möglich zu halten. Und ned, sie überall einezahn zu lassen.« (FPÖ-Oktoberfest, 1. Oktober 2023)

»Diese Einheitspartei ist zu feig, unsere Neutralität zu verteidigen und zu unserer Neutralität zu stehen. Stattdessen lassen sie sich von der NATO vor ihren Karren spannen. Ein Schaf mehr in einer von Amerika geleiteten Schafherde, anstatt unsere Neutralität hochzuhalten, die uns so lange Sicherheit und Schutz gegeben hat.« (FPÖ-Heimatherbst-Veranstaltung, 4. November 2023)

»Unsere Neutralität ist ein Eckpfeiler unseres Staats- und Rechtssystems. Wir dürfen nicht zulassen, dass diese Neutralität scheibchenweise abgeschafft wird und Österreich damit immer mehr in den Brennpunkt internationaler Konflikte gerät. Die Teilnahme an ›Skyshield‹ ist eine neutralitätsfeindliche NATO-Annäherung, genauso wie die permanente Erlaubnis, NATO-Waffen und -Munition über österreichisches Staatsgebiet zu transportieren. Wir wollen eine aktive Neutralitäts- und Außenpolitik im Sinne Bruno Kreiskys! Österreich muss wieder Drehscheibe von Verhandlungen zwischen Kriegsparteien werden, statt Mithilfe bei der Befeuerung von Konflikten zu leisten.« (Facebook, 17. März 2024)

HERBERT KICKL
ÜBER VIKTOR ORBÁN

»Der ungarische Ministerpräsident Viktor Orbán stellt die Interessen seiner eigenen Bevölkerung in den Vordergrund – daran können sich unsere Regierung und Van der Bellen ein Beispiel nehmen!« (Telegram, 22. September 2022)

»GRATULATION an Ministerpräsident Viktor Orbán und Fidesz zu ihrem großartigen Erfolg. Dieser klare Sieg ist auch ein deutliches Zeichen weit über die Grenzen Ungarns hinaus, dass konsequente Arbeit für die Interessen der eigenen Bevölkerung honoriert wird und nicht die Andienerei an die Brüsseler EU-Nomenklatura.« (Telegram, 4. April 2022)

»Und der Nehammer machts falsch und der Orbán machts richtig, wenn es um die Frage der Asylpolitik geht. Der hat eine Regel, eigentlich nimmt er die EU-Gesetze ernst als Einziger. Der hat eine Regel, die lautet, dass jeder, der illegal ungarischen Boden betritt, kein Recht darauf hat, einen Asylantrag zu stellen. Das kann man in einer ungarischen Botschaft machen, in irgendeinem anderen Land. Dann wird dort geprüft, ob das irgendwie überhaupt einen Sinn hat. Und erst wenn dieses Prüfverfahren dann irgendwo abgeschlossen ist, dann darf der einen Fuß auf ungarischen Boden setzen.« (Rede, 1. Mai 2023)

»Machen wir es dem Orbán nach, liebe Freunde. Bauen wir die Festung Österreich. Das ist gar nicht so schwer.« (Rede, 1. Mai 2023)

»Also was ich mir vorstelle, und das meine ich mit Festung Österreich: a bisserl mehr ungarischen Paprika, a bisserl mehr ungarischen Chili in das Asylsystem hinein. Das heißt, keine Geldleistungen für Asylwerber, keinen Klimabonus zum Beispiel.« (Rede, 1. Mai 2023)

»ÖVP-Bundeskanzler Nehammer soll nicht nur mit Viktor Orbán reden, sondern wie Viktor Orbán auch gegen die illegale Masseneinwanderung handeln! Und das heißt, Österreich für illegale Einwanderer massiv zu deattraktivieren, für echten Grenzschutz zu sorgen und nicht jede Unsinnigkeit des Brüsseler Establishments, wie zuletzt die Zwangsverteilung von Asylforderern, einfach abzunicken!« (Presseaussendung, 6. Juli 2023)

»Dass sich nicht zum ersten Mal Patrioten aus aller Welt ausgerechnet in Ungarn versammeln, ist kein Zufall. Ungarn ist ein Hort der nationalen Selbstbestimmung und des Widerstands gegen die globalistischen Zugriffe aus Brüssel.« (Info direkt, 19. Juli 2023)

HERBERT KICKL
ÜBER DIE POLIZEI

Absolut absurd findet FPÖ-Generalsekretär Herbert Kickl die Pläne, bei der Polizei Bewerber mit Migrationshintergrund zu bevorzugen. Für Kickl ist das eine Diskriminierung mit umgekehrten Vorzeichen. »Es darf ja wohl kein Nachteil sein, wenn die eigene Familie seit mehr als zwei Generationen in Österreich ansässig ist«, zeigte sich der freiheitliche Generalsekretär fassungslos über diese jüngsten Auswüchse multikulturellen Halluzinationsdenkens. Es sei völlig unverantwortlich, jetzt auch noch die Exekutive zur Spielwiese weltfremder Gesellschaftsexperimente zu machen. Weiters stelle sich die Frage, wie es dann eigentlich mit den Bekleidungsvorschriften aussehe, denn ein großer Teil der Zuwanderer habe ja einen religiösen Hintergrund, der sich auch optisch äußere. »Wann dürfen wir die erste Polizeibeamtin mit Tschador erwarten?«, fragte Kickl ironisch. Auch ein Turban dürfte beispielsweise für einen Cobra-Beamten nicht die optimale Dienstkleidung darstellen. (Presseaussendung, 20. März 2007)

»Dass das Projekt der berittenen Polizei abgedreht wird, ohne es vorher überhaupt auszuprobieren, ist nichts anderes als (schwarzer) politischer Revanchismus auf dem Rücken von Tieren. Dass es Vor – und Nachteile gibt, ist ja allgemein bekannt. Das für Wien beurteilen zu können, genau dazu hätte es den Testbetrieb gebraucht. Denn immerhin gibt es in vielen mit Wien vergleichbaren Großstädten schon lange Polizisten zu Pferd – und man ist dort rundum zufrieden.« (Facebook, 29. November 2019)

»Der Verfassungsschutz hat die Verfassung zu schützen. Der Verfassungsschutz hat die Grund- und Freiheitsrechte zu schützen. Das Versammlungsrecht zum Beispiel, das Vereinsrecht zum Beispiel, ja, die freie Meinungsäußerung. Das hat der Verfassungsschutz zu schützen. Er hat nicht eine linke Pseudomoral zu schützen, er hat nicht eine Regierung zu schützen und er hat schon gar nicht die ÖVP zu schützen, nur weil die Spitzen des Verfassungsschutzes so schwarz sind wie ein Kübel Ruß.« (ORF-Sommergespräch, 21. August 2023)

»Ich meine, ich habe gesehen, was dieser Verfassungsschutz ist. Er war so etwas Ähnliches wie die Vorfeldorganisation einer Partei, die seit vielen, vielen Jahren das Innenministerium besetzt. Und in einem Zusammenspiel zwischen Innenministerium, Justizministerium und Finanzministerium in Wahrheit die Institutionen des Staates für parteipolitische Zwecke missbraucht hat.« (Auf1-Interview, 18. September 2023)

»Ja, wo sind wir denn da g'landet, dass, wenn ein Polizist heute bei einem Einsatz bei irgendjemandem, der ihn, es sowieso ned versteht, weil er die Sprach' ned kann, dann irgendwann einmal anstoßt, a Stesserl halt, ja, wo der dann behandelt wird wie ein Schwerkrimineller und monatelang in irgendwelchen Disziplinarverfahren drinnenhängt und Gehaltskürzungen in Kauf nehmen muss und einen Canossagang an Rechtfertigungen hinnehmen muss. Ich sag' euch ans, so manche, die zu uns gekommen sind, die verstehen nur die Körpersprache, die sind das nicht anders gewohnt und die nehmen di ned ernst, wann du mit denen umanandapalavern willst. Auch hier muss ein neuer Wind wehen, glaub i, in diesem Land.« (FPÖ-Heimatherbst-Veranstaltung, 4. November 2023)

»Die volle Härte des Gesetzes trifft in Österreich oftmals nicht die Straftäter, sondern die Polizisten, die durchgreifen wollen. Ein falsches Wort oder ein falscher Handgriff gegen Straftäter genügt, um ein teures und langes Disziplinarverfahren am Hals zu haben. Schwarz-Grün schützt Straftäter, anstatt unsere Polizisten. Ich verfolge hier einen komplett anderen Zugang!« (Facebook, 20. März 2024)

HERBERT KICKL
ÜBER RECHTSEXTREMISMUS

»Das Nächste wird sein, dass man irgendwelche rechtsdrehende Joghurts aus dem Verkehr zieht.« (Kickl verteidigt als FPÖ-Generalsekretär den weit rechts stehenden damaligen Dritten Nationalratspräsidenten Martin Graf, Austria Presse Agentur, 1. Oktober 2008)

»Nächstenliebe heißt, dass wir für all diejenigen da sein wollen in diesem Land, die keine Lobby haben, dass wir für die da sein wollen, die bei der Regierung durch den Rost fallen, und zwar nicht einmal, sondern permanent; dass wir für die da sein wollen, die seit Jahren gepflanzt und verhöhnt werden mit Kürzungen, Streichungen und verweigerten Anpassungen und auch um den Lohn ihrer Leistung gebracht werden. Wir wollen auch für diejenigen da sein, die insbesondere in den Ballungsräumen dieses Landes schon lange zu Fremden in der eigenen Heimat werden, und wir wollen vor allem für die da sein, die dann, wenn sie das auch irgendwo artikulieren, von oben herab dann als Modernisierungsverlierer, als Ewiggestrige, als Rechtsextremisten oder sonst irgendetwas denunziert werden.« (Ö1-Mittagsjournal, 12. August 2013)

»Untadeligen Mitarbeitern ist aufgrund ihrer Heimatverbundenheit vorgeworfen worden, Rechtsextreme zu sein. Die rechtsstaatlich korrekte Vorgangsweise im Zuge von Ermittlungen der zuständigen

Wirtschafts- und Korruptionsstaatsanwaltschaft im Falle des BVT ist in der öffentlichen Darstellung zu einer Erstürmung, einem Datenraub oder gar einem Putsch unter meinem Kommando und meiner Federführung verdreht worden. Gegen mich und meine Mitarbeiter wurde in Vielzahl – wurde eine Vielzahl Anzeigen mit völlig haltlosen Vorwürfen eingebracht. Unter immer neuen und unhaltbaren Vorwänden sind reihenweise Misstrauensanträge gestellt worden und immer wieder wurden diese unsachlichen Attacken auch über das Ausland gespielt oder über das Ausland entsprechend verstärkt.« (Pressekonferenz, 20. Mai 2019)

»Sie können ja auch nicht Mitglied in der Sozialistischen Partei sein und gleichzeitig eine Funktion bei der Freiheitlichen Partei haben. Das geht sich auch nicht aus. Aber ich sage Ihnen, das bleibt aufrecht. Ich sage Ihnen aber auch eines, für mich ist die patriotische Gesinnung, wenn sie ein Mensch in sich trägt, für mich ist Heimatliebe, wenn sie ein Mensch in sich trägt, sofern das alles auf dem Boden von Demokratie und von Rechtsstaatlichkeit und unter Hochachtung der Grund- und Freiheitsrechte passiert, dann ist das etwas Positives und etwas Achtenswertes und die wahrhaften Gefährder von Demokratie, Rechtsstaatlichkeit und Verfassung, Frau Schnabl, und das ist genau die Problematik, die wir in diesem Land haben, die sitzen bei uns in der Bundesregierung.« (Kickl zur Abgrenzung der FPÖ von den Identitären, ORF-Report, 8. Juni 2021)

»Wenn hier der Vorwurf kommt, radikal oder extrem von Seiten der politischen Mitbewerber, ja dann kann ich Ihnen nur eines sagen, dann sind es sinnentleerte politische Kampfbegriffe. Das ist ja nicht mehr. Das, was die Herrschaften radikal und extrem nennen, das nenne ich nachhaltig, das nenne ich konsequent, das nenne ich ehrlich.« (Ö1-Morgenjournal, 8. Juni 2021)

»Diese Nazi-Keule ist stumpf geworden im Verlauf der Jahre und sie ist jetzt noch viel stumpfer geworden mit den ganzen Corona-Entwicklungen. Da haben unglaublich viele Menschen, freiheitsliebende Menschen, untadelige Menschen am eigenen Leib erlebt, dass, wenn man eine Meinung hat, die von der erwünschten Meinung der Regierungsparteien und der linken Schickeria in diesem Land abweicht, dass man dann als Nazi punziert wird.« (Ö1-Morgenjournal, 8. Juni 2021)

»Ich bin kein Verteidiger der Programmatik der Identitären, die ich nicht kenne. Wenn Sie ein bisserl zurückdenken, haben wir unsere Politik mit dem Volksbegehren ›Österreich zuerst‹ schon unter Jörg Haider gemacht. Da hat es noch gar keine Identitären gegeben.« (Kickl auf die Frage, was er von der Forderung der Identitären, dass alle Völker getrennt bleiben sollen, hält, Der Standard, 11. Juni 2021)

»Es gibt für die FPÖ eine klare strukturelle und personelle Trennung von den Identitären. Aber es gibt natürlich inhaltliche Schnittmengen in einzelnen Bereichen – etwa wenn sich die Identitären gegen den Wahnsinn des UN-Migrationspakts engagieren.« (Der Standard, 11. Juni 2021)

»Und, liebe Freunde, wenn Ihr so wollt, dann bin ich ein ideologischer Parteiobmann, ich habe kein Problem damit, dann bin ich ein ideologischer Parteiobmann gerne auch rechts, weil ich der Überzeugung bin, dass vieles von dem, was heute als rechts verunglimpft ist, in Wahrheit nichts anderes ist als normal.« (FPÖ-Parteitag, 19. Juni 2021)

»Selbsternannte Eliten geben ein Konzept vor, das sie als alternativlos hinstellen. Damit verbunden ist die Ausschaltung der Freiheit und Selbstbestimmung. Wer daran auch nur leiseste Kritik äußert, der wird als Schwurbler, Rechtsextremist, Hetzer, Spalter, Gefährder,

Verräter der Werte des Westens oder als Putinversteher gebrandmarkt und ausgegrenzt.« (Neue Freie Zeitung, 19. Jänner 2023)

»Wenn Sie so wollen, dann war es eine gelungene Provokation, als ich im Jahr 2021 die Identitäre Bewegung als eine NGO von rechts bezeichnet habe. Denn erstens ist das inhaltlich absolut korrekt und zweitens entreißt es einen an sich neutralen Begriff, nämlich den einer NGO, sprich einer Nichtregierungsorganisation, aus den Fängen einer linken Clique, die glaubt, dass sie das Recht hat, diesen Begriff ausschließlich für solche Vereine zu verwenden, die ihr selbst gut zu Gesicht stehen.« (Freilich Magazin, April 2023)

»Wann i heute ned in an Islamistengrätzel leben will, sondern unter meinesgleichen, dann ist das nicht rechtsextrem, dann ist das normal. Und wann i haben will, dass unsere Grenzen kontrolliert werden, dass ned jeder Gauner bei uns Tag der offenen Tür hat 365 Tage im Jahr, dann ist das nicht rechtsextrem, dann ist das normal. Und wenn ich will, dass die Familie in diesem Land etwas zählt, dann ist das auch nicht rechtsextrem, sondern dann ist das normal.« (Kickl 2021, zitiert nach: Telegram, 27. Juli 2023)

HERBERT KICKL
ÜBER RUSSLAND

Speziell Österreich sollte mit Sanktionen besonders sensibel umgehen, sei Österreich doch selbst einmal im »Bannstrahl« von Strafmaßnahmen gestanden, durch die sich die EU in eine Sackgasse manövriert habe. »Als neutraler Staat zu vermitteln, das wäre die Aufgabe unserer Bundesregierung. Österreich wäre daher gut beraten, sich an die Spitze einer Veto-Allianz zu setzen«, so Kickl. In Ländern wie Ungarn, Tschechien oder der Slowakei habe bereits ein Umdenken eingesetzt. »Durchs Reden kommen d'Leut' zam, nicht durchs Sanktionieren«, betont Kickl. Den Sanktionsweg hätten Faymann, Kurz und Co. unter Umgehung der Neutralität, die in Österreich »tief verankert« sei, und unter Umgehung des Gesetzgebers, des Parlaments, beschritten. »Die Regierung hat Österreich im Alleingang auf den Sanktionspfad geschickt. Dass die Bundesregierung den Gesetzgeber und die eigene Bevölkerung einfach vor vollendete Tatsachen stellt, damit muss Schluss sein«, so Kickl. Im Ukraine-Konflikt würden russische und US-amerikanische Machtinteressen aufeinanderprallen. »Die EU und Österreich drohen durch ihre Sanktionspolitik dazwischen zerrieben zu werden. Das ist der falsche Weg. Für uns Freiheitliche zählt nur eine Interessenlage – die der österreichischen Bevölkerung«, so Kickl.« (Presseaussendung, 16. September 2014)

»Das von der EU geplante Gas- und Ölembargo gegen Russland wird massive negative Folgen auf die Energieversorgung in Europa und im Besonderen für unser Land mit sich bringen. In Österreich heizen knapp 900.000 der rund vier Millionen Haushalte mit Gas. Das Embargo trifft aber auch ganz massiv unsere Industrie. Ich fordere ÖVP-Kanzler Nehammer auf, den Österreichern gegenüber eine Garantieerklärung abzugeben, dass Österreich beim Öl- und Gasembargo keinesfalls mitmacht.« (Telegram, 7. April 2022)

»Die Regierung ist mit den Embargo-Maßnahmen gegen Russland, bei denen sie mitmacht, ohne an die eigene Bevölkerung zu denken, auf einem Zerstörungskurs gegen die eigene Wirtschaft. Sie gefährdet den hart erarbeiteten Wohlstand und treibt die Bevölkerung in die Armut.« (Telegram, 5. Mai 2022)

»Von der Leyen, Biden, Macron, Nehammer, Scholz und Co. – sie alle fordern und beschließen Sanktionen gegen Russland! Doch den Preis für die Sanktionspolitik bezahlt Ihr, liebe Österreicher! Das politische System gefährdet den hart erarbeiteten Wohlstand und treibt die Bevölkerung in die Armut. Hat Euch jemals jemand gefragt, ob Ihr das überhaupt wollt? Die Antwort lautet NEIN!« (Telegram, 5. Mai 2022)

»Die Menschen sollen endlich befragt werden, ob sie die schwarz-rot-grün-pinken Russland-Sanktionen überhaupt befürworten. Sanktionen, die den Österreichern massiven Schaden zufügen. Die EU-Eliten und Systemparteien wissen wohl, wie eine solche Volksbefragung ausgehen würde. Und genau deshalb wird es eine solche nie geben …« (Telegram, 21. August 2022)

»Der Fehler liegt bei der Beteiligung an einem Wirtschaftskrieg. Da liegt der Fehler. Wo man in der Zwischenzeit 14.000 Sanktionen, 14.000 Sanktionen gegen Russland gemacht hat und der Rubel rollt weiter. Der rollt sogar aufs ÖVP-Plakat, wie wir zuletzt gesehen haben. Also alles das nutzt nichts. Der Krieg wird verlängert und tausende junge Menschen müssen sinnlos ihr Leben lassen, und zwar auf beiden Seiten der Front. Und wenn's ned sterben, dann sind sie verkrüppelt, und wenn sie nicht körperlich verkrüppelt sind, dann sind sie seelisch verkrüppelt ihr Leben lang. Ja haben denn diese Leute nichts Besseres verdient? Wäre es nicht viel, viel g'scheiter, Frieden zu schaffen, herzugehen und zu sagen: »Waffenstillstand! Herr Selenskyj, auch du musst dich bewegen, damit auch deine jungen Leute eine Zukunft haben und ned ihr Leben lassen müssen.« Aber des derfst a schon nimma sagen, sonst bist a Rechtsextremer. Deswegen sage ich ja immer: Wir sind nicht rechtsextrem. Wir haben nur extrem oft recht. Auch in dieser Frage. Und ihr werdet sehen, und ihr werdet sehen, es wird der Zeitpunkt kommen und es wird gar nicht so lang dauern, da werden die anderen a draufkommen. Aber in der Zwischenzeit sind tausende Leute sinnlos gestorben. In der Zwischenzeit ist alles mit irgendwelchen Streubomben und Minen auf ewig oder auf ganz, ganz lange Zeit ruiniert und unbrauchbar gemacht. Und am Ende wird es dann so sein, dass es keiner gewesen ist.« (FPÖ-Oktoberfest, 1. Oktober 2023)

HERBERT KICKL ÜBER SCHWANGERSCHAFTSABBRUCH

»Schwangerschaftsabbruch ist in Österreich gemäß § 96 StGB strafbar. Im Jahr 1975 wurde jedoch die Fristenlösung eingeführt, die den Abbruch der Schwangerschaft ohne Vorliegen einer Indikation straffrei stellt, wenn er innerhalb von drei Monaten ab Beginn der Schwangerschaft von einem Arzt nach vorhergehender ärztlicher Beratung vorgenommen wird. An der Rechtswidrigkeit des Schwangerschaftsabbruches hat sich dadurch nichts geändert. (…) Wie beurteilen Sie den Umstand, dass die öffentliche Hand für rechtswidrige Handlungen Ressourcen wie z. B. Spitäler zur Verfügung stellt?« (Parlamentarische Anfrage, 10. Dezember 2007)

»Sie haben doch schon ein Problem mit dem Schutz des Lebens an sich. Sonst hätten Sie in der ganzen Frage der Abtreibung nicht einen derartig lockeren Umgang, dass Sie nämlich nichts anderes machen als der Bevölkerung einreden, na wenn es eine Gewissensentscheidung ist und wenn man das mit sich selber ausmacht, dann ist es schon gut. Das ist eine Pervertierung des Begriffs des Gewissens. Weil Gewissen ist nicht ein Freifahrtschein für die persönliche Willkür, sondern hat mit Wissen zu tun und hat Allgemeingeltungsanspruch. Das ist nicht meine persönliche Befindlichkeit, die sich da drinnen ausdrückt.« (Rede im Parlament, 10. Dezember 2009)

HERBERT KICKL
ÜBER DEN SOZIALSTAAT

Das schon im Wahlkampf klar definierte Ziel der Freiheitlichen sei eine langfristige Verschiebung der Sozialausgaben weg von den Ausländern und hin zu den Staatsbürgern, so Kickl. Dazu zähle natürlich auch, dass das Kindergeld in Zukunft nur mehr an österreichische Staatsbürger ausbezahlt wird. »Alles andere ist über kurz oder lang die sichere Bankrotterklärung des österreichischen Sozialstaates«, schloss Kickl. (Presseaussendung, 28. November 2006)

»Wir haben den Schwerpunkt bewusst in den Sozialbereich gelegt. In Krisenzeiten zeigt sich, wie die etablierte Politik versagt und eine Umverteilung von unten nach oben betreibt.« (Falter, 6. Oktober 2013)

Die Armutseinwanderung aus dem Osten der EU, die sich nach der Arbeitsmarktöffnung gegenüber Rumänien und Bulgarien weiter verstärken wird, nimmt FPÖ-Sozialsprecher NAbg. Herbert Kickl zum Anlass, über einen Umbau unseres Sozialstaats nachzudenken. »Dabei muss sich die Politik vom Herkunftslandprinzip leiten lassen«, erklärt Kickl. »Sozialleistungen sollen nur in der Höhe gewährt werden, wie sie der Empfänger auch in seinem Heimatland erhalten würde.« Es sei dies ein Konzept, das im Sinne der Fairness gegenüber den wirtschaftlich stärkeren Staaten und ihren Bürgern flächendeckend in der ganzen EU umgesetzt werden solle. (Presseaussendung, 3. Jänner 2014)

Die FPÖ-Forderung zur Bekämpfung von Arbeitszuwanderung in den Sozialstaat bleibe unverändert das Herkunftslandprinzip. »Jeder soll im Gastland das erhalten, was ihm im eigenen Land, also sprich dem Herkunftsland, dessen Staatsbürger er ja ist, an Sozialleistungen zustehen würde. Das verhindert Sozialtourismus und Zuwanderung in den Sozialstaat«, argumentiert Kickl. (Presseaussendung, 14. Jänner 2014)

»Österreich ist nicht das Sozialamt der Dritte-Welt-Staaten.« (Presseaussendung, 3. Mai 2015)

»Das österreichische Sozialsystem wurde entwickelt, um in Not geratenen österreichischen Staatsbürgern wieder auf die Beine zu helfen. Es wurde nicht dafür entwickelt, Zuwanderern aller Herren Länder eine soziale Hängematte zu bieten«, sagte der freiheitliche Generalsekretär Herbert Kickl. »Genau an dieser Problematik scheitert derzeit die Finanzierung von Sozialleistungen«, so Kickl. So seien beim Arbeitslosengeld, bei der Mindestsicherung oder bei den Familienleistungen, wie Familienbeihilfe und Kinderbetreuungsgeld, Nichtstaatsbürger überdurchschnittlich repräsentiert, führte Kickl aus. Dies belaste das Sozialsystem, in das die Österreicher horrende Summen einzahlen müssten, enorm. Jetzt darüber nachzudenken, die Leistungen für Österreicher zu kürzen, sei der denkbar falscheste Weg, so Kickl, der in diesem Bereich endlich Kostenwahrheit forderte. Ein Ansatz, den die FPÖ bereits seit Langem fordere, sei das sogenannte Herkunftslandprinzip bei Sozialleistungen, wonach Ausländer in Österreich nur jene Sozialleistungen erhielten, die sie in ihrem Heimatland auch bekämen, so Kickl. (Presseaussendung, 22. Juli 2015)

Überdies belaste die hohe Zahl von Nichtstaatsbürgern das Sozialsystem bei Mindestsicherung und Arbeitslosengeld. »Die Zahl der Bezieher aus diesen Gruppen ist gemessen an ihrem Anteil an der Gesamtbevölkerung überproportional hoch«, so Kickl, der eine eigene Sozialversicherung für Nichtstaatsbürger und bei Sozialleistungen wie der Mindestsicherung, sowie die Einführung des Herkunftslandprinzips forderte. (Presseaussendung, 25. Juli 2015)

»Österreich ist nicht das Sozialamt der ganzen Welt. Wir haben rund 400.000 Arbeitslose in Österreich, die es zu qualifizieren gilt, rund 1,2 Millionen Menschen in Österreich sind armutsgefährdet, die Wirtschaft stottert, das Gesundheitssystem kracht an allen Ecken und Enden – es wäre die Pflicht der Bundesregierung, sich darum zuallererst zu kümmern.« (Presseaussendung, 11. September 2015)

»Volle Sozialleistungen darf es nur mehr für Österreicher geben. Die Mindestsicherung macht Österreich zum Magneten für Zuwanderer aus aller Herren Länder, hier gilt es anzusetzen. Schritt eins kann daher die Einführung des sogenannten Herkunftslandprinzips sein, aber am Ende des Weges darf die Mindestsicherung nicht mehr an Nichtstaatsbürger ausgezahlt werden, weil das keine Versicherungsleistung ist.« (Presseaussendung, 15. Dezember 2015)

»Betrachtet man die Arbeitslosenstatistik, dann könnte man nämlich auf Grundlage der gegenwärtigen Entwicklung die Arbeitslosenversicherungsbeiträge für Inländer sogar senken, denn dort geht die Arbeitslosigkeit zurück. Vor diesem Hintergrund bestätigt sich daher einmal mehr unsere Forderung nach einer eigenen Sozialversicherung für Ausländer, d. h. eines transparenten Rechnungskreises für die Ein- und Auszahlungen ins Sozialsystem durch Zuwanderer«, so der FPÖ-Sozialsprecher. (Presseaussendung, 12. August 2016)

HERBERT KICKL
ÜBER STEUERPOLITIK

»Den Markt für sich selbst die Dinge in die Hand nehmen zu lassen, wie es eine Zeit lang in der Partei angedacht wurde, meistens von denen, die schon auf der privilegierten Seite sitzen, das halte ich für unanständig, politisch wie intellektuell.« (Falter, 7. Dezember 2005)

»Diese Steuerreform aus der rot-schwarzen Giftküche werden die Österreicher wohl mehr oder weniger zur Gänze aus der eigenen Tasche berappen müssen. Als Zuckerguss dieser ganzen Malaise planen die Hobby-Köche Faymann und Mitterlehner auch noch, die Mehrwertsteuer auf Speisen von derzeit zehn auf 20 Prozent anzuheben«, kritisierte heute FPÖ-Generalsekretär Herbert Kickl diesen in den Medien kolportierten SPÖ-ÖVP-Anschlag auf die Gastronomie. »Eine solche Schnitzel-Steuer wäre ein weiterer Tiefpunkt dieser unfähigen Bundesregierung. (Presseaussendung, 12. März 2015)

»Die Erbschaftssteuerfantasien der Grünen gleiten immer mehr Richtung Kommunismus und blanker Enteignung ab«, kritisierte der freiheitliche Generalsekretär Herbert Kickl die jüngsten Aussagen des Grün-Abgeordneten Rossmann, der es auf das mühsam erarbeitete Vermögen des Mittelstandes abgesehen hat. Hier wandle Rossmann gefährlich nahe auf den Spuren der Französischen Revolution, deren Proponent Jacques-Pierre Brissot de Warville einst gemeint habe, dass Eigentum Diebstahl sei.« (Presseaussendung, 3. Jänner 2014)

»Diesmal heißt's halt Erbschaftssteuer, in Wahrheit ist es a Totensteuer und in Zukunft kommt zur Leichenbeschau der Finanzbeamte und nicht mehr der Arzt. Des is des, wann die Sozialisten regieren.« (FPÖ-Wahlkampfabschlussveranstaltung, 27. September 2019)

»Wir müssen die Familien dann stärken, wenn's darum geht, sich ein Eigentum aufzubauen. Da gibt es gute Modelle, da kann man von den Ungarn was lernen, wo Familien, die ein paar Kinder haben, dann auch eine Zeit lang fast keine Steuern mehr zahlen müssen. Weil die Ungarn erkannt haben, dass wir diese Leute brauchen, um die Abhängigkeit von sogenannten Fachkräften aus dem Ausland zu kappen. Versteht ja a keiner. Überall sagen's, wir müssen uns unabhängig machen von den Importen, nur bei den Arbeitskräften gilt des nicht. Da gilt genau das Gegenteil. Und wenn ich das im eigenen Land haben will, Kinder statt Inder, um es auf eine Formel zu bringen, dann muss ich den Familien finanziell auch in dieser Phase unter die Arme greifen.« (FPÖ-Heimatherbst-Veranstaltung, 4. November 2023)

»Und die Linken greifen das Eigentum an durch die Vermögenssteuern und durch die Erbschaftssteuern. Und auch das ist nicht zu Ende gedacht, liebe Freunde, weil das trifft ja gerade in Wien die Mieter voll. Wenn i heute von Vermögenssteuern red, dann heißt des, dass der größte Teil des Vermögens Immobilienvermögen ist. Des haßt, Grund und Boden. Der größte Immobilienbesitzer in Wien ist die Gemeinde Wien und da stehen alle Wiener Gemeindewohnungen oben. Und wenn ich das so bewerte, was ich dafür am Markt dafür wirklich krieg, und dann dafür Steuern zahl, ma was glaubt's, wer das am Ende zahlen wird? Die Mieter werden's zahlen, diejenigen, die's ned hab'n. So schaut der Sozialismus aus. An Blödsinn daherreden und die Leut' müssen's dann ausbaden. Des kann uns wirklich g'stohlen bleiben.« (FPÖ-Heimatherbst-Veranstaltung, 4. November 2023)

HERBERT KICKL
ÜBER DIE TÜRKEI

»Was das finanziell angeschlagene österreichische Gesundheitssystem am wenigsten braucht, ist ein neuerlicher Kniefall vor Zuwanderern«, erklärte heute FPÖ-Generalsekretär NAbg. Herbert Kickl zu der Forderung des Sprechers der türkischen Plattform in Vorarlberg, Attila Dincer, nach einem Pool von Übersetzern für Krankenhauspatienten, die kein Deutsch sprechen. »Man muss sich in diesem Zusammenhang wirklich fragen: Was ist eigentlich mit der von manchen in den Himmel gelobten Integrationsbereitschaft der türkischen Zuwanderer? In einem fremden Land hat man sich der Leitkultur anzupassen und muss folglich auch die Sprache einigermaßen beherrschen. Das ist eine Bringschuld. Was kommt als Nächstes? Sollen dann auch alle Ärzte und Krankenschwestern/-pfleger Türkisch lernen«, kritisierte Kickl scharf. (Presseaussendung, 10. Juli 2009)

FPÖ-Generalsekretär Herbert Kickl fordert ein sofortiges Ende der verhängnisvollen Diskussion über Türkisch als Maturasprache: »Wie unbelehrbar sind diese Naivlinge, die so etwas fordern? Es ist mittlerweile jedem klar, dass die Türken jene Zuwanderergruppe sind, die am wenigsten von allen integrationsbereit ist. Jedes Zugeständnis an sie ist daher nicht mehr als ein weiteres Geschenk, das sie dankend annehmen und sich damit ein Stück weiter in ihre Parallelgesellschaft zurückziehen werden«, befürchtet Kickl.

Integration zu fördern bedeute, die Zuwanderer in die Pflicht zu nehmen, sich der Realität in diesem Land anzupassen. In Österreich sei das Gegenteil der Fall. »Hier werden Islamzentren gebaut, die neben Moscheen mit Minaretten auch alle notwendigen Einrichtungen vom Kindergarten bis zum Supermarkt bieten. Firmen beschriften ihre Produkte auf Türkisch, und schließlich will man die Türken auch noch vom Erlernen von Fremdsprachen befreien und sie in ihrer Muttersprache maturieren lassen«, so Kickl. Der Schlüssel zum Erfolg sei jedoch ganz eindeutig die deutsche Sprache – sowohl für die Zukunftschancen der Zuwanderer als auch für ein funktionierendes Zusammenleben in der Gesellschaft insgesamt. (Presseaussendung, 5. April 2011)

»Der Umgang der Grünen mit den Unruhen in der Türkei zeigt deutlich auf, dass es sich bei den selbsternannten Gutmenschen um eine linksfaschistische Einwanderungspartei handelt, die auch gegenüber den eigenen Mitgliedern nicht vor Meinungsterror zurückschreckt«, kommentierte der freiheitliche Generalsekretär NAbg. Herbert Kickl die Selbstfindungsprobleme der Grünen. So habe der grüne Bundesrat Efgani Dönmez (selbst Türke) gefordert, all jene türkischstämmigen Erdoğan-Anhänger, die in Wien für den totalitär regierenden AKP-Chef demonstrieren würden, in ihre Heimat abzuschieben, zeigte Kickl Respekt vor dieser lupenreinen demokratischen Grundhaltung. »Wer in Österreich für ein totalitäres Regime demonstriert, das die Opposition mit Wasserwerfern wegspritzen lässt und Tränengas gegen friedliche Demonstranten einsetzt, hat die westlichen Werte nicht verstanden und daher auch bei uns nichts verloren«, betonte Kickl. (Presseaussendung, 17. Juni 2013)

»Viele dieser integrationsunwilligen Türken verfügen über eine illegale Doppelstaatsbürgerschaft. Darauf sollte die Exekutive besonders achten und im nachgewiesenen Fall die österreichische

Staatsbürgerschaft aberkennen und die ertappten Türken in ihre Heimat zurückführen.« (Presseaussendung, 19. Juli 2016)

»Wenn Leute, die hier in Österreich geboren sind und deren Familien bereits seit Generationen hier leben, noch immer nicht in Österreich angekommen sind, dann ist das der Beleg für die gescheiterten Integrationsbemühungen der links-grünen Multi-Kulti-Träumer«, so Kickl, der all jenen, denen eine islamisch geprägte Erdoğan-Diktatur lieber ist als eine abendländische, österreichische Demokratie, empfahl, in die Türkei zurückzukehren. (Presseaussendung, 22. Juli 2016)

»Als Sofortmaßnahme sollte jedenfalls die Rechtsgrundlage für ein Aussetzen aller türkischen Einbürgerungen auf unbestimmte Zeit geschaffen werden. Jede weitere Zuwanderung aus der Türkei verschärft die Situation und nicht ohne Grund hat Staatspräsident Erdoğan zwei Tage vor dem Verfassungsreferendum im Zuge einer Rede formuliert, dass ›die Zukunft Europas unsere fünf Millionen Brüder formen (werden), die sich dort angesiedelt haben‹. Erdoğan habe damit nichts anderes gesagt, als dass das Gesicht Europas künftig ›türkisch‹ werden wird. Dem gilt es jetzt Einhalt zu gebieten«, so Kickl. Neben der Aussetzung der türkischen Einbürgerungen sei auch vom BMI eine Task-Force einzurichten, die sich der Einbürgerungen der Türken in den vergangenen 15 Jahren annimmt. Jeder einzelne Fall sollte genau geprüft werden und dabei sowohl die Rechtsgrundlage der Einbürgerung, aber auch die Möglichkeit der Doppelstaatsbürgerschaft unter die Lupe genommen werden. »Der Innenminister hat ja leider die freiheitlichen Warnungen und Hinweise für Planquadrate im Zuge des türkischen Referendums nicht angenommen«, erinnerte Kickl. (Presseaussendung, 19. April 2017)

»Dann gibt's die Gewalttaten, das sind unsere zerstörten Plakate und die Brandanschläge auf freiheitliche Einrichtungen mit Molotowcocktails.

Das musst dann suchen in der Zeitung mit der Lupe. Aber wenn a 74-Jährige bei einer Veranstaltung ist, anlässlich der Türkenabwehr in Wien, und das ist ein gutes Ergebnis und ich freue mich, dass 1683 es so ausgegangen ist, wie es ausgegangen ist, dann sind die Zeitungen voll und dann sind alle ganz aus dem Häusl, weil das angeblich ein so ein Skandal ist. Und da seht's ihr, wie verkehrt die Dinge laufen. Ich sage euch, die 74-Jährige hat mehr Mumm als die ganze ÖVP miteinander.« (FPÖ-Wahlkampfabschlussveranstaltung, 27. September 2019)

»Es besteht der Verdacht, dass in Österreich zigtausende Menschen illegalerweise sowohl die österreichische als auch die türkische Staatsbürgerschaft besitzen. Diesbezüglich hat es in den letzten Jahren auch zahlreiche Aberkennungsverfahren gegeben. Der Nachweis der Doppelstaatbürgerschaft ist schwer zu erbringen, da die türkischen Behörden in dieser Frage nicht mit Österreich kooperieren. Daher muss es vor den türkischen Wahllokalen in Österreich die Aufnahme der Personalien und einen anschließenden Abgleich mit der österreichischen Wählerevidenz geben. Dadurch könnte der Nachweis einer illegalen österreichisch-türkischen Doppelstaatsbürgerschaft erbracht werden.« (Presseaussendung, 28. April 2023)

»Sind türkische Fahnenmeere, Wolfsgrüße und ›Allahu-akbar‹-Rufe nur die Vorhut vor dem großen Sturm auf Wien? T R Türkische, selbsternannte ›Soldaten des Sultans‹ wollen ›Wien stürmen‹, wie sie selbst ankündigen: Sie haben aber nicht unsere freie Gesellschaft, unsere Demokratie und Frauenrechte im Sinn, sondern eine islamistisch-patriarchalische Gesellschaftsstruktur in einem osmanischen Großreich. Sie verherrlichen auf offener Straße Erdoğan als ›Besten der Welt‹, missachten unsere Gesetze und unseren Rechtsstaat.« (Telegram, 1. Juni 2023)

»›Allahu-akbar‹-Rufe, Wolfsgrüße und Frauen, die sich, wenn es finster wird, nicht mehr auf die Straße trauen, und eine Polizei, die einen ganzen Bezirk schon aufgibt. Wer zu Erdoğan will, soll zu Erdoğan gehen. Besser heute als morgen. SPÖ, ÖVP und Grüne haben versagt und No-go-Areas im eigenen Land entstehen lassen. Deshalb ist die Politik von Nehammer, Kogler und dem Wiener Bürgermeister Ludwig dazu ein No-Go für die österreichische Bevölkerung.« (Telegram, 4. Juni 2023)

HERBERT KICKL
ÜBER DIE UKRAINE

»Die Eliten & das System wollen es tatsächlich – den EU-Beitritt der Ukraine.😡 Ein Land, das sich noch immer im Krieg befindet und wo Korruption an der Tagesordnung steht. Bereits Ende der Woche soll es die Zustimmung für den Start von Beitrittsverhandlungen geben. Es wird kein Stein auf dem anderen bleiben. Nur die FPÖ sagt: Kein Beitritt der Ukraine – und damit auch keine Eröffnung von Beitrittsverhandlungen!« (Facebook, 12. Dezember 2023)

»Oder denkts an die vollmundigen Ankündigungen der bedingungslosen Unterstützung der Ukraine. Im Klartext heißt das: Aus Millionen sind Milliarden geworden. Und aus Milliarden werden Billionen. Ja, wer soll denn das alles zahlen? Wer soll das alles zahlen? Und das alles nicht dafür, dass dort an Frieden gibt, dass a Freiheit gibt, dass dort an Wohlstand gibt, und auch nicht bei uns. Sondern das alles dafür, dass man dort einen Krieg verlängert, dass wir verarmen, dass wir in die Unfreiheit kommen und dass wir ganz Europa deindustrialisieren. Und dafür werden Milliarden und Billionen investiert.« (FPÖ-Oktoberfest, 1. Oktober 2023)

»Was werma denn machen, wenn das nicht mehr funktioniert mit dem Geld und mit der Munition? Erst waren es die Gewehre und dann waren es die leichten Panzer und jetzt sind es die schweren

Panzer und jetzt kommen die Flugzeuge und dann kommen die Marschflugkörper. Was werma denn machen, wenn der Ukraine die Leut ausgehen? Was wird denn dann passieren? Was wird denn dann der nächste Akt der Solidarität sein? Dass dann unsere Buben vielleicht noch irgendwo in den Krieg ziehen müssen für irgendwelche Werte des Westens, die nichts anderes sind als amerikanische Interessen? Nicht mit uns, liebe Freunde, ned mit einer Freiheitlichen Partei.« (FPÖ-Oktoberfest, 1. Oktober 2023)

»Die Mehrheit der Österreicher ist gegen einen EU-Beitritt der Ukraine. Wir sehen das genauso! Die Ukraine ist ein hochkorruptes Land, das sich noch immer im Krieg befindet. Nehammer und Schallenberg haben die Österreicher mit ihrer Zustimmung eiskalt verraten.« (Facebook, 15. Dezember 2023)

»Mit seiner Zustimmung zum 50-Milliarden-Euro-Paket für das Selenskyj-Regime hat ÖVP-Bundeskanzler Nehammer wieder einmal die Österreicher in Brüssel verraten und verkauft. Ein freiheitlicher Volkskanzler hätte für ein Veto gesorgt, da jeder einzelne Cent zum Stopp des Wohlstandsverlusts der eigenen Bevölkerung benötigt wird.« (Telegram, 2. Februar 2024)

»3,51 Milliarden Euro an Steuergeld hat die Regierung bisher für die Ukraine aufgebracht, rund 70.000 Ukrainer wurden wiederum auf Kosten der Bevölkerung aufgenommen. Zum Dank dafür will das Selenskyj-Regime den Österreichern die Gasversorgung kappen. Das ist ein inakzeptabler Anschlag auf die Versorgungssicherheit unserer Heimat. Ein Ausfall des Gastransits hätte fatale Folgen für Wirtschaft, Industrie, Privathaushalte und den Wohlstand der gesamten Bevölkerung. Die Opfer sind die eigenen Bürger, die schon jetzt mit der extremen Teuerung den Preis dafür bezahlen müssen.« (Facebook, 8. März 2024)

»Die Ukraine will uns – als ›Dank‹ für unsere Hilfe – nun auch noch die Gasleitung kappen. Und obendrauf will das Land auch noch in die EU – bezahlen sollen das die europäischen Steuerzahler. Ob dafür überhaupt noch Geld vorhanden sein wird, ist fraglich, denn die EU will nun tatsächlich in den Kriegswirtschaftsmodus schalten. Es ist nur mehr VERRÜCKT!« (Facebook, 14. März 2024)

HERBERT KICKL
ÜBER DIE VERFASSUNG

»Ja, und wir haben auch die besseren Antworten, wenn es um die Frage geht, wie Österreich sich in Europa und in der Welt aufstellen soll. Und diese Antwort heißt Neutralität. Unsere Neutralität, liebe Freunde, das ist kein Auslaufmodell, sondern das ist ein Zukunftsmodell. Finger weg von der österreichischen Neutralität! Was kann die Neutralität dafür, dass wir von Leuten regiert werden, die zu dumm oder zu feig sind, sie zur Anwendung zu bringen? Das ist ja das Problem. Und da war ein Bruno Kreisky noch aus einem anderen Holz geschnitzt. Und deswegen müssen wir als Freiheitliche Partei, und wir sind wieder die Einzigen, diese Neutralität und unsere Souveränität noch stärker als bisher in der Verfassung verankern. Mit einer Volksabstimmung, liebe Freunde, schaffen wir einen neuen Artikel 1 unserer Bundesverfassung. Und was heißt's dann dort? Österreich ist eine demokratische, wehrhafte, ja souveräne und immerwährend neutrale Republik. Und ihr Recht geht vom österreichischen Volk aus. Das müssen wir in die Verfassung schreiben und dann haben wir den besten Schutzschirm. Liebe Freunde, das schützt uns. Das schützt uns vor den Übergriffen der Europäischen Union. Das schützt uns vor den Übergriffen der europäischen Gerichtsbarkeit, die unsere Menschenrechte dafür benutzt, um uns auf der Nase herumzutanzen. Das schützt uns vor Übergriffen der Weltgesundheitsorganisation WHO, das schützt uns vor Übergriffen des Weltklimarates und es schützt uns vor allem davor, dass in Österreich feige und mutlose Politiker sich von all diesen Institutionen gegen unsere Interessen vor den Karren spannen lassen und unser Land Stück für Stück wie bei der Salami abfiletieren und auflösen. Davor müssen wir Österreich schützen und das geht mit diesem Instrument, weil wir dann für alle Entscheidungen, die in unsere Neutralität eingreifen und in unsere Souveränität, eine Volksabstimmung brauchen. Und da waß i, wie des ausgehen wird, liebe Freunde. Da sind wir immer auf der sicheren Seite.« (Rede, 1. Mai 2023)

»Die Verfassung muss zu einer demokratisch-rechtlichen Festung werden. Und mit dieser Festung werden wir die Freiheit verteidigen gegen Angriffe von außen und gegen Ihre Schwäche von innen. Das ist das, was die Bevölkerung verdient. Und den Weg, den haben wir schon vorgezeigt in einem entsprechenden Antrag. Wir wollen eine Änderung des Paragraphen 1 der österreichischen Bundesverfassung. Sie soll in Zukunft lauten, Artikel 1, ja, Sie haben recht. Österreich ist eine demokratische, wehrhafte, immerwährend neutrale, souveräne Republik. Ihr Recht geht vom österreichischen Bundesvolk aus. Und das ist die Formel, die uns schützt vor allen Übergriffen der EU und anderer internationaler Organisationen, vor jedem Eingriff in unsere Souveränität und Neutralität und vor allem auch vor Ihrer Mutlosigkeit und Schwäche. Und mit diesen vorgeschlagenen Änderungen, mit den vorgeschlagenen Änderungen der Verfassung haben die Staatsbürger, der Souverän das letzte Wort. Der Souverän und sonst niemand. Weil jedes Mal bei großen Weichenstellungen die Bevölkerung das letzte Wort hat und nicht die selbsternannte politische Elite. Und das und nichts anderes ist die notwendige Rückankoppelung der Politik in einer Demokratie an den Souverän. Das ist gelebte Verfassungstreue. Das ist echter Verfassungsschutz.« (Rede im Parlament, 25. Oktober 2023)

HERBERT KICKL ÜBER DEN VOLKSKANZLER

»Ja, und für all das, liebe Freunde, für all das brauchen wir etwas, was wir in diesem Land noch nie gehabt haben. Und das ist ein freiheitlicher Bundeskanzler. Alles andere haben wir schon probiert. Und ich habe diesen freiheitlichen Bundeskanzler ganz bewusst als Volkskanzler bezeichnet. Weil der Volkskanzler im Unterschied steht zu den Kanzlern des Systems, die uns bisher immer regiert haben. Nein, ein Volkskanzler hat ein anderes Amtsverständnis. Ein Volkskanzler hat eine andere Perspektive. Ein Volkskanzler, der dreht die Dinge um. Ein Volkskanzler, das ist nicht einer, der nach oben buckelt in Richtung der Europäischen Union, in Richtung der NATO, in Richtung der Weltgesundheitsorganisation und was weiß i, wo noch wohin, und dann nach unten tritt zur eigenen Bevölkerung, die das alles ausbaden muss. Nein, ein Volkskanzler macht es genau umgekehrt. Nach unten zur Bevölkerung wird gedient und nach oben hin zu denen, die es nicht gut meinen mit euch, dorthin wird getreten.« (Rede, 1. Mai 2023)

»Der Volkskanzler ist nicht die Antithese zum Systemkanzler, sondern dessen Überwindung. Ich werde Kanzler aus dem Volk und für das Volk sein.« (Profil, 18. Juni 2023)

»Immer mehr Mitglieder der ÖVP-Ministerriege fühlen sich dazu motiviert, der Öffentlichkeit mitzuteilen, dass sie unter einem freiheitlichen Volkskanzler nicht für ein Ministeramt zur Verfügung stehen würden. Keine Angst, wir werden diese Personen ohnedies nicht fragen und sie werden den Österreichern auf der Regierungsbank ohnehin nicht fehlen.« (Telegram, 7. Juli 2023)

»Ein freiheitlicher Volkskanzler hätte sich längst gegen die ›neue Völkerwanderung‹ gestemmt und dafür gesorgt, dass Österreich – so wie Ungarn – die Asylzahlen in Richtung null drückt.« (Telegram, 12. Juli 2023)

»Also wenn es dann den freiheitlichen Volkskanzker gibt, ich hab das nicht vergessen, dass ganz oben auf meiner Liste die Aufarbeitung dieser ganzen Schweinereien steht. Soll niemand glauben, dass er so ungeschoren davonkommt, liebe Freunde. Für das, was Sie der Bevölkerung angetan haben. Ich hab schon so viele, ich habe schon so viele Dinge, die ganz oben auf meiner Liste stehen. Ich verwende nur mehr Querformat, weil die erste Zeile schon so lang ist.« (FPÖ-Oktoberfest, 1. Oktober 2023)

»Die Einheitspartei ist extrem nervös. Rot-Schwarz-Pink-Grün denkt nur an sich selbst und die Österreicher werden eiskalt abgezockt. Die ÖVP kriegt den Hals nicht voll genug und die Grünen belasten mit ihrem Öko-Wahnsinn die Menschen. Wir freuen uns schon auf die nächsten Wahlen, wenn wir mit einem freiheitlichen Volkskanzler endlich wieder für Gerechtigkeit und Normalität in diesem Land sorgen werden!« (Facebook, 12. Dezember 2023)

»Zuerst kommt das Volk, dann der Kanzler. Die Interessen, Sorgen und Anliegen der ›Familie Österreich‹ müssen im Mittelpunkt der Politik stehen. Unter Schwarz-Grün ist es umgekehrt. Da haben wir einen Systemkanzler, der sich noch nie einer Wahl gestellt hat.« (X [Twitter], 22. Jänner 2024)

HERBERT KICKL ÜBER DIE WELTGESUNDHEITSORGANISATION

»Pandemie und Krise könnten schon bald den Normalzustand ersetzen. Dann nämlich, wenn der Pandemievertrag der Weltgesundheitsorganisation (WHO) zustande kommt. Die FPÖ leistet dagegen Widerstand.« (Telegram, 26. Juli 2023)

»Die Corona-Politik der Regierungen war weltweit geprägt von Freiheitseinschränkungen und Zwängen bis hin zur Impfpflicht. Das hat den handelnden Politikern viel Kritik eingebracht. Noch einmal wollen sie sich die Finger daher nicht schmutzig machen. Deshalb will vor allem die EU erreichen, dass Zwangsmaßnahmen künftig global verordnet werden – und zwar durch die Weltgesundheitsorganisation (WHO). Die FPÖ leistet Widerstand.« (Telegram, 27. Juli 2023)

»Die WHO plant einen massiven Anschlag auf unsere Demokratie! Mit den geplanten Änderungen der ›Internationalen Gesundheitsvorschriften 2005‹, mit denen der WHO-Generaldirektor ermächtigt werden soll, eigenmächtig einen ›gesundheitlichen Notstand‹ auszurufen und auch für die Länder verpflichtende Maßnahmen dagegen vorzugeben, wird unsere Verfassung ausgehebelt und nationale Rechte an die WHO abgegeben, was wir verhindern müssen! In Kombination mit dem auch in Planung befindlichen ›Pandemievertrag der WHO‹, der unter anderem auch ›Fake News‹ unterbinden will, eine toxische Kombination, die die WHO auch mit Unterstützung von Österreich plant!« (Telegram, 12. August 2023)

»Anstatt die Menschen zu schützen, anstatt sich auf die Hinterfüße zu stellen, anstatt für die Österreicher zu kämpfen, arbeiten Sie lieber daran mit, Österreich auch noch die letzte politische Selbstverteidigung der Waffe, nämlich das Vetorecht, aus der Hand zu schlagen, nur weil Sie zu feige sind, es zu benutzen. Und, meine Damen und Herren, ein weiterer Anschlag der WHO – Pandemie-Vertrag für ein Papier wie aus einer lupenreinen Diktatur. Da werden auf Basis der Corona-Krise Allmachtsfantasien ausgeräumt. Was anderes ist es nicht. Alle Macht soll bei der WHO konzentriert werden. Nur dort, in dieser Weltgesundheitsorganisation, soll künftig entschieden werden, wann und wo eine Pandemie ausgerufen wird und vor allem, wie die konkreten Maßnahmen auszusehen haben, mit denen man darauf reagiert. Das heißt im Klartext, dass die nationalen Parlamente Pause haben. Sie sind ausgeschaltet, die Staaten sind Befehlsempfänger. Aber zahlen dürfen sie das Ganze. Ja, wenn Ihnen das gefällt. Der Bevölkerung gefällt das nicht.« (Rede im Parlament, 25. Oktober 2023)

HERBERT KICKL
ÜBER ZENSUR

»Das ist für jeden Demokraten ein Skandal. Bürgern wird ihr Recht auf umfassende Information verwehrt. Gemäß der Menschenrechtskonvention fällt das unter den Begriff Vorzensur. Eigentlich müssten Medien dagegen Sturm laufen, statt sich für die Zensur einspannen zu lassen.« (Die steirische Zeitschrift *Woche* hatte in Absprache mit dem Menschenrechtsbeirat der Stadt ein FP-Inserat abgelehnt, in dem es um getrennte Schulen für In- und Ausländer ging, Woche, 31. Oktober 2007)

»Der Zustand der österreichischen Medien ist, gelinde gesagt, katastrophal.« Kickl bezeichnet die Medienlandschaft als »ein System der Zensur, in dem alles darauf ausgerichtet ist, die Freiheitliche Partei möglichst klein zu halten«. (Salzburger Nachrichten, 21. September 2012)

»Leider wird wie eh und je seitens gewisser Medien (z. B.: *Standard, Falter*), sowie neuerdings auch seitens des *Kuriers,* eine sehr einseitige und negative Berichterstattung über das BMI bzw. die Polizei betrieben. Mittlerweile zählen keine Fakten und Erklärungen mehr, bzw. werden diese einfach ignoriert, da der jeweilige Artikel jedenfalls negativ wird, wie zahlreiche Artikel in jüngster Vergangenheit zeigen. Ich darf daher bitten, bei Anfragen besonders Bedacht zu nehmen und die Auswirkungen mitzubedenken. Anfragen betreffend Ausbildung und andere Themen, die nicht nur euch betreffen können – hier werden wir auch gerne gegeneinander ausgespielt und die Anfrage mehrfach geschickt –, bitte CC an mich zu schicken, sodass eine einheitliche Antwort erfolgen kann und wir uns nicht gegenseitig konterkarieren. Ansonsten erlaube ich mir vorzuschlagen, die Kommunikation mit diesen Medien auf das Nötigste (rechtlich vorgesehene) Maß zu beschränken und ihnen nicht noch Zuckerl, wie beispielsweise Exklusivbegleitungen zu ermöglichen, es sei denn, ihr seht darin einen echten Mehrwert, bzw. die Möglichkeit einer neutralen oder gar positiven Berichterstattung.« (Schreiben an die Pressestellen der Landespolizeidirektionen unter Innenminister Kickl vom September 2018, zitiert nach: Der Standard, 24. September 2018)

»Das, was wir hier tun, ist das Gegenteil von Zensur. Es ist das Erfüllen eines Transparenzbedürfnisses der Bevölkerung. Die Menschen haben ein Recht auf umfassende Information.« (Stellungnahme des damaligen Innenministers Kickl zum Medien-Rundschreiben des Innenministeriums im Parlament, 26. September 2018)

»Dort, wo nämlich Verunsicherung betrieben wird, das ist nicht das Innenministerium, das ist auch nicht die Justiz, sondern das sind selbsternannte Aufdecker, das sind gewisse Medien, die sich jeden Tag darum bemühen, irgendwelche Dinge, die als geheim eingestuft sind, die eigentlich nicht für die Öffentlichkeit bestimmt sind, in die Öffentlichkeit zu bringen.« (Zeit im Bild 2, 25. September 2018)

»Seit Tagen finden sich auf unserem FPÖ-Youtubekanal keine neuen Videos mehr. (...) Nun wurde unser Kanal vorübergehend gesperrt. Vorübergehend. Wir sind den Mächtigen, den Eliten und dem System wohl zu unangenehm geworden, weil wir mit unseren Videos die Finger in die Wunden legen und Monat für Monat damit hunderttausende Menschen erreichen. Die sozialen Medien hätten eigentlich jede Möglichkeit, den politischen Diskurs demokratischer, lebendiger und pluralistischer zu gestalten. Wenn jedoch ihre Machtstellung für einseitige und womöglich politisch motivierte Zensurschritte missbraucht wird, ist das brandgefährlich und es ist traurig zugleich. Ich lehne diese Zensurmaßnahmen ganz entschieden ab und verurteile sie aufs Schärfste. Nichtsdestotrotz werden wir uns nicht unterkriegen lassen.« (Telegram, 13. Mai 2023)

»Und das Wichtige dabei ist, das wäre nicht möglich gewesen ohne die Entwicklung im Medienbereich, nämlich im Bereich der freien Medien, im Bereich der sozialen Medien. Wo natürlich jetzt etwas entstanden ist, das sich weiten Teilen dieser von oben verordneten Kontrolle entzieht. Und ich vergleiche das immer ein bisserl fast mit dem Auftreten des Buchdrucks oder mit dem Auftreten der Reformation gegen das System des Katholizismus. Plötzlich kommt da jemand daher und sagt, du kannst selber die Bibel lesen, du brauchst nicht einen Pfarrer, der dir das erklärt. Wir übersetzen es dir sogar in die Sprache, die du sprichst. Und ähnlich sehe ich das, was jetzt im Mediensektor passiert im Verhältnis etablierte, ist gleich gekaufte, politisierte Medien zu den freien Medien. Und die Medien haben diesen eigenen Bedeutungsverlust noch gar nicht richtig fassen können. Sie können damit nicht umgehen, genauso wie die etablierte Politik. Die braucht ja diese Lautsprecher, anders funktioniert's nicht. Sie sind ja die Herz-Lungen-Maschinen dieser etablierten Parteien. Wenn sie die nicht hätten, dann wären die nicht einmal mehr messbar. Und dann kommt man eben mit Zensur und mit Restriktionen und mit Kriminalisierung und all dem daher. Aber diese Werkzeuge sind zahm geworden.« (Auf1-Interview, 18. September 2023)

»Denn wenn Frau von der Leyen fordert, Desinformation stärker zu bekämpfen, bedeutet dies in der Konsequenz nichts anderes als Zensur in den sozialen Medien und die Unterdrückung unliebsamer Meinungen.« (Telegram, 22. Jänner 2024)

»Das System, das nur für sich selbst und gegen die Bürger regiert, schlägt wild um sich. Argumente haben sie keine. Deshalb greifen sie zu anderen Mitteln. Zensur. Ausgrenzung. Vernaderung. Kriminalisierung. Wir erleben gerade, wie sich die selbsternannte politische Elite selbst entlarvt. Alles wird aufgeboten, nur um am Futtertrog zu bleiben.« (Telegram, 29. Jänner 2024)

VERWENDETE LITERATUR (AUSWAHL)

Bachler, Martina/Ecker, Bernhard: Jenseits der Komfortzone. In: Trend vom 10.11.2017.

Bauer, Gernot: Straches Trio Bravo. In: Profil vom 27.2.2006.

Bauer, Gernot: »Sind Sie geimpft oder getestet?« »Ich bin gesund.« In: Profil vom 30.5.2021.

Bauer, Gernot: »Ich werde ein Kanzler aus dem Volk und für das Volk sein« In: Profil vom 18.6.2023.

Bauer, Gernot/Treichler, Robert: Kickl und die Zerstörung Europas. Wien 2024 (Zsolnay).

Bischofberger, Conny: Sind Sie gern der Böse, Herr Kickl? In: Kronen Zeitung vom 24.3.2024.

Böhmdorfer, Christoph: Der blaue Maschinist. In: Datum vom 1.9.2008.

Böhmer, Christian: »Straches Hirn«. In: Kurier vom 23.2.2012.

Brandstätter, Helmut: Kurz & Kickl. Ihr Spiel mit Macht und Angst. Wien 2019 (Kremayr & Scheriau).

Bundesministerium für Inneres und Heimat: Verfassungsschutzbericht 2022.

Eisenreich, Ruth: Die FPÖ macht sich jetzt ihr eigenes, ganz objektives Fernsehen. In: Falter vom 26.9.2012.

Fercher, Wolfgang: »Bin meinem Gewissen verpflichtet«. In: Neue Vorarlberger Tageszeitung vom 6.11.2021.

FPÖ: Handbuch freiheitlicher Politik, Wien 2009.

Hofer, Thomas/Tóth, Barbara (Hg.): Wahl 2013. Macht – Medien – Milliardäre. Analysen zur Nationalratswahl. Wien 2013 (Lit Verlag).

Hofer, Thomas/Tóth, Barbara (Hg.): Wahl 2019. Strategien, Schnitzel, Skandale. Analysen zur Nationalratswahl. Wien 2019 (Lit Verlag).

Horaczek, Nina: Straches Schreibtischtäter. In: Falter vom 7.12.2005.

Horaczek, Nina/Reiterer, Claudia: HC Strache. Sein Aufstieg, seine Hintermänner, seine Feinde. Wien 2009 (Ueberreuter).

Horaczek, Nina: »Sozialstaat rein« statt »Ausländer raus«. In: Falter vom 16.10.2013.

Horaczek, Nina: Radikal normal. In: Falter vom 22.4.2015.

Horaczek, Nina: Der dritte Mann. In: Focus vom 28.5.2016.

Horaczek, Nina/Ötsch, Walter: Populismus für Anfänger. Anleitung zur Volksverführung. Frankfurt/Main 2017 (Westend).

Horaczek, Nina: »Wir schaffen die siebte Million«. In: Falter vom 29.1.2018.

Horaczek, Nina: Propagandakrieg in Europa: die Medien der Rechten. In: Falter vom 17.10.2018.

Horaczek, Nina/Toth, Barbara: Der blaue Wutbürger. In: Falter vom 9.6.2021.

Horaczek, Nina: Die Freiheit, die er meint. In: Falter vom 23.6.2021.

Horaczek, Nina/Klenk, Florian/Tóth, Barbara: Hoch zu Ross. In: Falter vom 1.2.2023.

Horaczek, Nina: Schimpfen wie Kickl. In: Falter vom 14.2.2024.

Juritz, Stefan: Herbert Kickl (FPÖ): »Die Polarisierung nimmt ständig zu«. In: Freilich Magazin vom 10.5.2023.

Kittner, Daniela: Kickl-Mitarbeiter brachte Zeugen zur Staatsanwaltschaft. In: kurier.at vom 14.3.2018.

Klenk, Florian: Brisante Akten aus dem Innenministerium. In: falter.at vom 2.10.2018.

Kotanko, Christoph: Kickls Plan B gegen die »Impf-Vergewaltigung« durch die Regierung. In: Oberösterreichische Nachrichten vom 5.11.2021.

Lindorfer, Raffaela/Novy, Gilbert: Besuch bei Kickl: Was der FPÖ-Chef in seiner geheimen Kiste hat? In: kurier.at vom 15.8.2021.

Linsinger, Eva: Blaupause. In: Profil vom 2.7.2018.

Lugmayr, Christine: Straches Mephisto. In: News vom 5.6.2014.

Marchart, Jan Michael/Weißensteiner, Nina: »Ich würde mich nicht als rabiat bezeichnen«. In: Der Standard vom 11.6.2021.

Möseneder, Michael: Kickl-Ressort ändert Kommunikationspolitik. In: Der Standard vom 25.9.2018.

Mosser, Ralf: Blaues Land in Kickl-Hand. In: Kärntner Monat vom 1.12.2017.

Mosser, Ralf: Der Mann mit den Torpedos. In: Kärntner Monat vom 1.3.2019.

N.N.: Widerstand der Bischöfe gegen den Kreuzzug der FPÖ im EU-Wahlkampf. In: Tiroler Tageszeitung vom 22.5.2009.

N.N.: FPÖ startet TV-Sendung auf Youtube. In: Salzburger Nachrichten vom 21.9.2012.

Obermayer, Bastian/Obermaier, Frederik: Die Ibiza-Affäre: Innenansichten eines Skandals. Köln 2019 (Kiepenheuer & Witsch).

Reichel, Werner: Kickl muss weg. Der schmutzige Kampf um die Macht. Wien 2019 (Frank und frei).

Reischl, Roland: FPÖ im Clinch mit den Medien. In: Woche Steiermark vom 31.10.2007.

Sprenger, Michael: »Diese Regierung ist der offensive Gegenentwurf zu den 68ern«. In: Tiroler Tageszeitung vom 19.1.2018.

Sulzbacher, Markus: Die Geschichte des Begriffs »Volkskanzler«: Von Hitler bis Kickl. In: derstandard.at vom 30.11.2023.

Traar, Christina: »Ich würde IS-Rückkehrer internieren«. In: Neue Vorarlberger Tageszeitung vom 22.2.2020.

Zöchling, Christa: »Dann beiße ich zu«. In: Profil vom 15.9.2019.

Zöchling, Christa: Der Brandredner. In: Profil vom 6.6.2021.

NINA HORACZEK

Geboren in Wien, Politologin, Buchautorin und Chefreporterin der Wiener Wochenzeitung »Falter«. Zahlreiche Preise, u. a.: Prof.-Claus-Gatterer-Preis (2013), Bruno-Kreisky-Preis für das politische Buch (2015) und Wissenschaftsbuch des Jahres (2016), sowie Publikationen, u. a.: »Gegen Vorurteile« (2017), »Populismus für Anfänger« (2017), »Informiert euch!« (2018) und »Wehrt euch!« (2019). www.falter.at/blauland